70～90代

あなたにも「ヨタヘロ期」がやってくる

老～いどん!

樋口恵子

婦人之友社

はじめに――私、ヨタヘロ期真っ最中

どうも近ごろヘンだ、と体全体に違和感を持ち始めて3年ほどでしょうか。医学的には77歳での胸腹部大動脈瘤感染症という大病のツケが、80を過ぎてあらわれたのかもしれません。

朝の目覚めがなんとも鈍く、すぐ起き上がる気になれません。少し前までは、目覚めから一定の時間がたつと、胃袋のあたりから空腹感がこみ上げてきて、やがて食欲を形成。さあ今朝も起きるぞ、つくるぞ朝ごはん、と次なる動作に自然につながりました。今はいつまでたっても、おなかのあたりは鈍く淀んでいます。

じっとしていてもつまらないので少し体を動かすと、痛ッ！　明確に痛覚を伝えるのが左右両肩。体を起こそうとすれば、今のところ一番強い痛みのある首筋を刺激し、ベッドから足を降ろせば、すでに補助具を必要とする両膝が鈍い痛みを伝える。さらに昨年春に転倒して床にぶつけた後頭部が「ここも痛いよ」と声を上げる――。

そうです、**87歳の私は、満身創痍ならぬ満身疼痛。痛いところだらけです。**かつて痛みと言えば、ケガしたり病んだりした部位に局限されていたというのに。

50代のころ、高齢者からの作文の審査をして、70代の方からの「どこも痛いところがないのでありがたい」という一文を読み、「え? あたりまえと違う?」と瞬間思ったこの未熟さよ。

けしからんことに、その不具合の場所が昨日とは違うのです。昨日なんでもなかったところが、今日痛い。ここと思えばまたあちら。そして痛みの範囲は、確実に広がっていきます。

自慢だった視力聴力にも、最近衰えが顕著ですし、立居振舞のスピードは落ちるばかり。大動脈瘤の手術の後遺症で肺活量が人さまの6割ほどに落ちているので、羽田空港の搭乗ゲート（約100メートル間隔）は、一息では三つ分くらいしか歩けません。

80代前半のある日、私は出身中学のある自治体の健康まつりの講演に招かれ、ついでに**仲間が懇親会を企画してくれました。ところが思ったより集まりが悪く、大きな理由は自分の**

入院や体の不具合、もう一つは夫君の老衰。「その日はパパの通院につき添う日」の人がいれば、「その日はお父さんのデイサービスがなくて、ウチにいるからダメ」の人も。**80代半ば近くなれば、自分も配偶者も「要介護」の域に入ったことを痛感**しました。

少しあとで、『百まで生きる覚悟』（光文社新書）の著者である畏友・春日キスヨさんに笑われました。

「私たちのように要介護の人と日常接する仕事をしていれば、80代半ばに倒れることはあたりまえですよ」

と。春日さんのご本には、人間、老いてピンピンコロリなんてめったにない。ピンピンスタスタの時期を経て、ヨロヨロの末にドタリ。さらにいわゆる「寝たきり」の時期もある。ヨロヨロを直視すべき、という問題提起が書かれています。

まさに**私、ヨタヨタヘロヘロの「ヨタヘロ期」をよろめきながら直進しているのです。**これまで気づかなかったのは、いつも私が同年代の先頭に立って時代をリードする、格別お元気な高齢者の中に入っているからでした。

統計資料を見ると、この10年ほど、厚生労働省は平均寿命と健康寿命の両方を発表しています。**健康寿命というのは、自立して生活できる時期だそうで、自己申告。今、日本社会の最大の目標の一つが「健康寿命の延伸」**です。

健康寿命は男性が72・14歳、女性が74・79歳、平均寿命は男性が80・98歳、女性が87・14歳（2016年）。平均寿命も健康寿命も女性が長いのですけれど、その格差は男性が約9年、女性は約12年。要するに**「ヨタヘロ期」は、女性のほうが男性より3年も長い！　これは大問題ですから、今後大いに原因を究明し、男女の差を縮め、両性とも健康寿命を伸ばさなくては、**と思います。

その上で思います。**どんなに努力しても、自然の理としての老いが心身の衰退だとしたら、なおその期間もその人の人生の延長として、その人らしさが発揮でき、何よりも人間の尊厳が保障されてほしい、**と。

この時期が多くの人にとって、完全に避けられないものであるならば、**この時期の問題点を見すえ、ソフト、ハードとも、暮らしやすいように再設計してほしい、人生100年の中**

にしっかり組み入れてほしい、と提言したいと思います。

なんと言ってもこの年代の人口が増えるのですから、人生の最終段階の幸福のために何をなすべきか、全ての人の問題として考えてほしいと思います。心身の不自由が増える人たちの便宜をはかり、暮らしやすさを工夫することは、これまで少数派として見落とされていた人々にとっても、住みやすい世の中になるのではないでしょうか。**人生100年社会の初代として、「ヨタヘロ期」を生きる今の70代以上は、気がついたことを指摘し、若い世代に、社会全体に問題提起していく責任がある、**と思います。

この世代の人数が多いばかりでなく、約10年前後という長さは「人生100年」の十分の一近く、65歳以上の高齢期の三分の一近くなります。昔、生と死の間の「三途の川」は小舟でかんたんに渡れる小川でした。今、あの世までの川幅は拡大し、向こう岸もはるかです。長旅になるかもしれないと覚悟しつつ、このときもまた可能な限り、人間として個人としてよい人生をすごすには、何が必要なのか。「老～い、どん！」。号砲はすでに鳴りました。こけつまろびつ一生懸命進むしかありません。

いずれにせよ、「ヨタヘロ期」は私にとって初体験、同世代の人々にも初体験。ヨタヘロ期を注意深く生きながら、その中にも存在する喜びを見つけ、共に老いる幸せの条件を探し求めたいと思います。

人生後半の安心生活 してよかった25のこと

人生の後半をいかによく生き、
最後をよくしまうかは、
だれにとっても
大きな課題です。
84歳のときに
自宅の建て替えを決断した
筆者の経験と(P.8-12)、
『明日《あす》の友』読者の
アンケートから、老いを迎えて
「してよかったこと」を
ご紹介します(P.13-15)。

1 生きがいを見つける

読書、音楽、勉強、旅行、俳句、仕事など、
なんでもよいので毎日に
張り合いが出るものを持っておくこと。

2 身辺整理を少しずつ

いつのまにか増えてしまう物、
未整理の重要書類など、
体力に合わせて進めておく。

3 居住環境を整える

84歳で、家の
建て替え引越しを実行。
自分の居住環境に
ついての不便や不安は
早いうちに解消を。

4 できなくなることを受け入れる

体や頭が働かなくなるのはあたりまえ。
潔く受け入れることから新しい道が開けていく。

5 楽しげに生きる

あちこち痛くて何をする
にも億劫になるもの。
楽しく生きるのは
無理でも、
「楽しげ」に過ごす
ことを心がけて。

6 ご近所と気軽に声をかけ合う

斜め前にお住まいの
画家、佐野ぬいさん
とは40年以上の
ご近所同士。「何か
あったら声をかけて」
と言い合える仲。

7 体の自由が利かなくなったときの備え

新しい家の玄関は車椅子でも使いやすい引き戸に。
階段には手すりを、エレベーターも設置した。

8 ライフワークを続ける間取り

体の動きが悪くなっても仕事が続けられるよう、
仕事場と寝室をひと続きにして
間についたてを置いた。

9 蔵書を思いきって整理

仕事柄、増える一方の本や資料は、引越しのときに文字どおり涙ながらに整理。三分の一は手放した。

10 無理せず助けを求める

80歳になったころ、料理が突如できなくなった。
現在はシルバー人材センターの
家事サービスに週2回、
食事の支度と家事全般をお願いしている。
フルタイム勤務医の娘も、
日々気にかけてくれる。

11 登記済権利証などは定期的に確認

子世代に厄介を残さないためにも、親の代の空き地や土地は早めに整理したい。登記書類は10年ごとくらいに置き場所や内容を確認しておく。

12 リビング・ウィルを記しておく

生前の意志を記した紙を家族や知人に渡しておくほか、外出中に倒れた場合に備えて保険証の中に「回復不可能、意識不明の場合、苦痛除去以外の延命治療は辞退いたします」としたためた名刺を入れて携帯している。

\明日《あす》の友《とも》/

読者の人生後半してよかったこと

13 朝の野菜スープ習慣

生活習慣病のリスクを減らすため、3～4日分のスープをつくりおき。朝から野菜をたっぷりいただいている。（Mさん 72歳）

14 一人の食事は手早く、つくりおきに

野菜とたんぱく質は欠かさず、多めにつくって翌日もいただく。（Kさん 68歳）

15 70の手習いでピアノに挑戦

小学生の孫のピアノレッスンを見て、自分も見よう見まねで練習を始めたら脳トレに最適！両手で「ちょうちょう」が弾けるように。（Mさん 72歳）

16 好きなことをして能力を高める

ジャズ・シンガーとして毎月ライブを行っている。「お墓に持って行けるのは身についた能力だけ。死ぬまでに自分の歌を歌いたい」（Kさん 68歳）

17 他愛ないおしゃべりでストレス解消

友人や仕事仲間との笑いの絶えないおしゃべりは元気の素。（Mさん 72歳）

18 生きものと話をする

暮らしの相棒はインコ。
一日誰ともしゃべらない日にも、
昔話を話して聞かせる
大切な話し相手。（Kさん 68歳）

19 経験を生かした仕事やボランティアを続ける

保健師として保健所の仕事をするほか、医療従事者の会の活動に参加。そのほかにも高齢や病気の友人の相談相手や教会の送迎、病院のつき添いなどできることをする。（Mさん 72歳）

20 田舎暮らしの夢をかなえる

20年前、「定年後は海のそばに移住したい」という夫と神奈川県から福岡県糸島市に移住。伝統野菜を育てたり、その料理法を伝える活動をしながら暮らしています。

（Nさん 76歳）

21 自分に合った運動や健康法を続ける

体操やウォーキング、ヨガのほか
フラダンス、グランドゴルフ、スポーツ吹き矢など。
運動は、外出や交流の機会にもなる。（以下編集部まとめ）

22 リフォーム・転居・身辺整理

不要品整理は70代半ばまでが
はかどりやすい。引越しや
リフォームをした人は77%。
物を減らし、老後の暮らしを
楽にすることができる。

23 家計と財産の把握

年金振込開始時などに、
口座を減らしたり、
財産一覧表の作成などを
しておくとよい。通帳や印鑑の
場所は家族に伝える。
家計簿で予算を立てておくと、
むだな出費防止に有効。

24 自分と家族のための「もしもの準備」

読者のしているトップ3は、1.緊急連絡先の掲示、
2.お墓の準備、3.入院用品の準備。そのほか、施設見学、
遺言書やエンディングノートを書く、葬儀の予約など。

25 人生100年時代のライフイベント表をつくる

これまでに培ったさまざまな資源を最大限に生かし、
自分らしく人生を過ごす計画を。年代ごとに、
「夢、したいこと」「すべきこと、考えるべきこと」を書き込む。

もくじ

第1章 84歳の建て替え引越し大冒険

第2章 おひとり高齢者の食生活

第3章 老いて歩けば

第4章 「人生100年丸」に乗って

第5章
大介護時代をどう生きる？

第6章 老いての自立と支え合い

◎本書は、隔月刊誌『明日の友』（婦人之友社）の連載「人生百年学のすすめ」（２０１６年春・２２１号〜）および特集記事に、書き下ろし５編を加えて再構成しました。
◎本文中の著者の年齢は、雑誌掲載当時のものです。
◎本文中の平均寿命、健康寿命、介護者についての数値の出典は「高齢社会白書」（内閣府）、厚生労働省等の国の統計調査からのものです。

第1章

84歳の建て替え引越し大冒険

耐震性欠如が建て替えの決め手

◆人の寿命と家の寿命

私の84歳の1年間は、建て替え引越し一色に塗りつぶされました。

老後のために、体が衰えたそのときに、ポンと**有料老人ホームの入居金を支払えるように、楽しみながら貯えた貯金が一挙に消え**ました。

家計の三大目標は、子どもの教育費、住宅取得、老後の資金、とよく言われます。

私もその線に沿って家計を進め、子どもの教育の目途がついた40代の初めで家を建てました。日本人の持ち家取得年齢は40代が多いそうで、私は標準的な生活設計の道を歩んだわけです。

木造二階建て、約60坪。大学の研究者という意味で同業の相棒と、娘と三人でしたが、**物書き二人の本と資料の量は、やがて「家」を予想以上に傷めつけることになりました。**

建築家は住宅専門のベテランで友人です。私はくり返し友人に言われました。

木造建築の耐用年数は30年であること、大切に住めばもう少しもつだろうが、そのためには屋根や壁の塗り替え、水回りなどのメンテナンスが必要であること。マンションを買えば、必ず修繕積立金を管理費と共に納めるのだから、毎月一定額を積み立てるように――。

友人が誠心誠意建ててくれた住宅は、堅牢で住み心地がよく、私はいつしか「修繕積立金のすすめ」を忘れました。働き盛りでしたからそこそこの収入があり、かりに修繕ということがあっても、楽々払えるはず。わざわざ積み立てなんかしなくても、という思いが心の底にありました。

それより何より、40年後と言えば、私たちは80代。建築当時（1972年）の日本人の平均寿命は男性71歳、女性76歳でした。私自身の家系で最も長命だった父も70代末に死んでいました。子どものころ結核を病み、その後も**決して頑健とは言えない私が、80過ぎまで生きるとは想像できませんでした。**

私たちは二人とも別の私立大学に勤めており、共に定年は70歳。それまで一生懸命働いて、近郊の温泉地に山荘を建て、近くにある歴史の古い有料老人ホームに入る準備をしよう、と話し合ったことはありました。それも夢物語の気分でした。平均寿命が延び続け、「人生80年時代」と言われるようになったのは、1980年代に入ってからのことです。

◆建て替えを決めた理由

世の中は時々刻々と変化し、人の一生も予想どおりにはいきません。まず、老後を共にしようと思っていた相棒が60代後半に重度脳梗塞で倒れ、70歳を前に死んでしまったのです。彼の蔵書の整理を、勤め先の大学の先生やお弟子さんがしてくださったことは望外の幸せでした。そして私はその後17年も生き続け、心身はヨロヨロですが細々ながら仕事を続け、本も資料も増えるばかりの日々を重ねました。**84歳というのはいつ死んでもおかしくない年齢ですが、とにかくまだ生きていて、ふつうに暮らして、正直、そう早く死にたいとも思わない**のです。

築35年ほど経た2007年ごろ、大雨の続いた年があって、突如、屋根が外れたかと思う雨もりが始まりました。モルタル張りの壁の割れ目からも容赦なく水は流れ込みます。足場を組んでの大修理となり、270万円ほどかかりました。定年後の出費ですから、少々心細くもありました。要するに昔のように人生50年か60年だったら、こんなことは起こり得なかったのです。**「人の寿命が家の寿命を追い抜いて、70代ヒグチの家計は大ピンチ」**とどこかに書いたら、建築家の友人に叱られました。「だから積み立てしておくようにさんざん言ったでしょ。**クルマだって、人だって、家だっ**

て、古くなるほどメンテにお金がかかるのは当然でしょ」。一言もありません。

何よりも**建て替えの動機は耐震性**でした。ふと気がつくと、阪神・淡路大震災以前の住宅はご近所でわが家ぐらいになっていました。建築基準はその後大きく耐震性を求めています。床がきしみ、今度震度5が来たら倒壊しても仕方がない、と言われ、重い腰を上げて、私はついに建て替えを決心しました。

わが家の周辺は、閑静ながら密集した住宅地。両隣にも北側にも幼いお子さんがいます。よその家は耐震性十分なのに、**わが家が崩れてかぶさって、子どもさんを傷つけた、なんてことになったら、まさに私の晩節を汚す**ものです。

貯金をおろして、建築会社と契約を結び、第1回の支払いを済ませました。その翌日が熊本大地震。立派な瓦の大屋根が近隣の家にもかぶさるように倒壊した写真を見て、思わず目をつぶりました。**何とか間に合った、**という思いでした。

捨てられる物の哀れ

◆老いての引越しは命がけ

建て替え引越しということは、要するに一定の短い間に2回、本格的な引越しをするということです。ダブル引越しです。新居建築中の仮住居を探す必要がありますし、そのための費用も別件で必要です。お金のことは次節（P.32）にするとして、ここでは、引越しとそれに伴う40年来の物の整理について述べたいと思います。

私は**84歳の建て替え引越しを、建物の老朽化、耐震性の欠如を指摘されて、やむなく決意**しました。とはいえ、その家屋も外から見れば十分に体裁もよく、内部を補強すれば、もうしばらく——つまり私が死ぬか施設入居を決意するまで、住み続けることはできたでしょう。

ですから私の周辺では、賛否両論でした。「やめておきなさい。今さら大変よ。あなた、死ぬわよ」という人が6割。「最後の何年かでもホコリと隙間風の少ないところに住んだらいいわ」とすすめる派のほうが少数派の4割、というところでした。「あなた、死ぬわよ」というのは、何よりも引越しという作業が大変だからです。そして私、本当にちょっとばかり体をこわし、大げさに言うと死にかけました。**老いての引越しをバカにしてはいけません。**

こんなことを言うと、この間の責任を一手に背負った娘は「何よ、みんなだれかに手伝ってもらったくせに。やったのは本と書類の仕分けぐらいじゃないの」と怒ることでしょう。たしかにそのとおりで、仕事を持ちながらの娘は大変だったと思いますし、私のほうには心得た助手をはじめ、引越し応援団が形成されていました。この人たちの助けがなかったら、ダブル引越しなんてできなかったでしょう。しかし84歳の私自身もヨレヨレでした。

ダブル引越しといっても、**大変なのは旧居から仮住居へ移るときのほうです。**40年以上の住まいに**貯まった書類、本、衣類、雑貨を「捨てる」「保存」に仕分け、さらに「保存」は「トランクルーム預け」と「仮住居に持参」とに分けなければなりません。**

2016年5月に仮住居に引越したのですが、本や道具の仕分け作業は寒が明けて早々から始まりました。本と資料は書斎、書庫、納戸をはみ出して寝室にも応接間にも累積しています。資料にも本にも、日常の掃除では取りきれないホコリがたっぷり。この間いつも、気管支がよくなかったのも無理はありません。

約2カ月間、私は娘にせき立てられて、蔵書の仕分けをしました。娘は無情にも「半分にせよ」と責め立てます。「30年間一度も使ってないものがほとんどでしょ。これから使うはずないじゃない」と言います。「30年間使わなくても、31年目の来年使うかもしれない」と私。そういえば、昔のことわざに「百年とっていっときの役」ということばがありましたっけ。昔の家は、土蔵のように広い収納スペースがあったからかもしれませんけれど。

◆物別れの悲しみ

ガーゼのマスクの上に、水気を固しぼりにしぼったタオルを掛け回して、私は毎日、重い気持ちで整理に向かいました。本の何割かは、同時代に知己を得た方々の贈呈本です。私も著書ができるたびに、先輩同輩、仕事で関係ある方々に宣伝と敬意を込めて送ってきました。私の著書もとっくに同じ運命をたどったに違いない、それも当然、と思いつつ、私の手は止まってしまうのです。

まだ若い時期、小さな本一冊書くために、資料となる本を買い集めたことがありました。参考になった本もあれば、あんまりならなかったものもあり、これから必要かと問われればほとんど必要ありません。でもこれは、**無名だった若い私が、何とかして世に出ようと、二足のわらじを履きながら懸命に取り組んだ証拠物件**なのです。へえ、こんな資料があったか、と怪しくも胸躍り、あっという間に時間が過ぎました。

私は、家に余分な物を置かず、すっきりきれいに暮らしている方々を尊敬していま す。今度生まれ変わったら、そういう暮らし方をしてみたいと心から思います。しかし現世では、**目標「半分捨てる」はとても達成できず、やっと三分の一ほどに**終わりました。だから、新居に引越して数年になるというのに、新しい本棚に並べきれず、段ボールの箱がいくつも積み上げられています。いくら私が図々しくても、寿命には限りがありますから、**近い将来私が死んだら遠慮なく処分してほしい。遺品処分に困らない程度のお金は遺したい**と思っています。

物を捨てる――私の場合、**仕事関係の書類や本を捨てるということは、過去の自分の人生を捨てることにつながっていました。**捨てられる物が哀れでした。**老いる、ということの一過程としてそのつらさ悲しさは受容すべきでしょう。**少なくともこれからの余生で、物を増やさないようにしよう、と決意した次第です。それでも今もまだ本は増え続けています。

悩ましき住宅費

◆住宅費はご注意を

家を建てる、と言えば、どこか心ウキウキするはずなのに、約1年の建て替え引越し期間、**私の心は沈みっぱなし**でした。わずか300メートル離れた場所へ仮住居したにもかかわらず、旧居の取り壊しも見ず、建て前にも参加せず、ついに一度も建築の進捗状況を見に行きませんでした。すべての図面と書類を見るだけ、家の所有者としてお金を払うだけ、ほかのことは娘まかせでした。

私の建て替えウツの原因はまさにこのお金の問題だったのです。読者はご年配の方が多いと思いますが、私はむしろ若い世代、世帯盛りの世代に申し上げたい。**人生100年時代の生活設計でとくに住宅費はご注意なさいますように、**と。

フリーライターだった若いころの私は、家庭経営、生活設計の大先生のお手伝いをしたことがあります（婦人之友社家計簿はじめ、いろいろな家計簿もそのころ学びました）。大先生は、現代サラリーマン家計の三大目標は、子どもの教育費、住宅取得、老後の資金、とおっしゃいました。私自身は東京生まれの東京育ち、戦後はささやかなわが家にも財産税がかかったり、新円の預金が封鎖されたり、貧乏も経験しました。幸い家屋敷を売り払う前に豊かな時代が到来し、私は奨学金ももらわず大学へ進み、新婚時代は親からの相続分で一戸建てに住みました。地方から来て、自力で住宅取得した友人たちから「あなたは下駄はいて生まれてきてる」とうらやましがられたものです。

物書きと大学教師と二足のわらじで働いたおかげで、若干の貯蓄はあるし持ち家はあるし、私の老後は経済的にはまずは安泰と思っていたのです。それが、先に書いたとおり、がらがらと崩れたのが70代半ば。家の中が水浸しになるほどの雨もりに見舞われました。屋根と壁の大修理で約270万円。月々の修繕費を積み立てていなかったので、家計は大ピンチ。

家を持ったら「修繕積立金」を肝に銘ずるべきです。そうでないと、**自慢の家は30年たつと金食い虫**と化します。そもそもちゃんとした**家を一生に一度建てればよい、というのは、短命時代の発想**です。木造住宅の耐用年数は30年なのですから。

40代で元の家を建てたとき、84歳まで生きるとは考えていませんでした。相棒も定年70歳。少しぶらぶらして、まだ命があったら温泉地の有料老人ホームへ、とチラと思った程度です。相棒は世を去りましたが、私はまだ細々ながら仕事をして生きているなんて！　要するに**長寿化の中で、人の寿命が家の寿命を追い越して、第2、第3の住居が必要となった**のです。

◆「老後」の先の老後

私が老後の生活費に強気だったのは、有料老人ホームの入居一時金を賄える普通預金を持っていたからです。それは、私の老いと死への片道切符をいささか贅沢に彩ってくれるはずでした。家庭料理よりちょっと高級な食事、味見に訪れて確かめてあります。物置みたいな住まいからホテルとみまがう住環境へ。いつそこへ引越すべき心身の状況になるかは予測がつきません。そうなったとき、物を言うのが引き下ろし自由な普通預金です。せめて人生最後の段階で少々贅沢させていただきましょう——。

結局、このお金が今回の建て替え住宅資金になりました。耐震性が最大の狙いですから、軽量鉄骨のプレハブ会社の支払いに、虎の子の貯金が消えました。

私はルビコン川を渡ってしまったのです。もう後戻りはできません。好きなとき、高級老人ホームにポンと一時金を払って入居する選択肢は消えました。**体が弱ってもイヤでも今の家で地域の医療・介護サービスを利用して老いる、これが最も可能性ある進路でしょう。**にわかに「在宅」の最期に目が向きましたが、わが家の前の道路は幅4メートルに足らず、往診の車も入浴車も長時間停車することができないでしょう。「在宅」の医療・介護をすすめるのだったら、道路の拡幅から始めてほしいです。

「あなた、近ごろの有料老人ホームの料金は支払い方法が多様化しているのよ。一時金は少なく、毎月多く支払う方法もあるわよ」と友人が教えてくれました。

「イヤだ。毎月ドカーンと減る預金通帳を見て、いつまで払えるかボケかけた頭で勘定するなんて！」

「下流老人」の老後は困るでしょう。でも**中流と呼ばれる人々も、介護をどこで受けるかによって家計が崩壊することは十分あります。**介護の沙汰も金次第、という現実はつらいです。

先日、「あーあ、老後のお金がなくなっちゃった。心配だア」と私がボヤいたら、一回り下の友人が、「あら樋口さん、85ならもう十分老後じゃないんですか」ですって。

「人生100年時代だからまだ先の老後が心配なのよ」と言い返しましたけれど。

金欠から貧血へ

◆最後の大散財、のち寂寥感

２０１６年の12月初めに、私は建て替え引越しの大仕事を終えて、新居でお正月を迎えました。虎の子の普通預金を注ぎ込んで建てた、私一代最後の大散財です。**年を取って貯金が減ることは、こんなに心細いことであるか、**というのが実感でした。現金で残すより自宅、それも娘と2世代同居のための不動産に替えるほうが、税制上も有利――。その程度の計算をしたうえで踏みきったことでした。理屈では納得したのですが、なんとも心細い思いを長く引きずりました。大仕事を果たした達成感よりも、私一代の私的になすべきことここに終わる、という寂寥感のほうが大きく迫ってきました。

何より、いくら娘まかせと言っても次々と建築、引越しに伴う雑用が押し寄せます。２０１６年の1年間は新刊を出せないと、はじめからあきらめていました。それでもありがたいことに、20年以上前に書いた『サザエさんからいじわるばあさんへ』（ドメス出版）が、漫画「サザエさん」の新聞連載70周年を記念して文庫版（朝日文庫）で再版されることになりました。まだ若かった私が、戦後の女子《おんなこ》どもの生活史として「サザエさん」「いじわるばあさん」を分析したものです。長谷川町子という女性漫画家に敬意を込めて書いた本が再版されて、「出版ゼロの1年」にならずにすんで物書きとしてほっといたしました。

その代わり、**84歳の私の健康は容赦なく蝕まれていった**ようです。前に私は「わずか３００メートルの距離なのに一度も建築の進捗状況を見に行かなかった」と書きました。ホントです。気分が「金欠《けつ》ウツ」「老化ウツ」に近くて、心弾まなかったせいではありますが、何よりも体がヨレヨレだったのです。気分のせいだけでなくて生理的にそうでした。

わずか300メートルの住宅街の道路を歩ききれないのです。もともと足は弱く、30数年前、転倒して右膝を強打。結局手術はしないまま今に至っていますが、私の健康上の泣きどころの一つです。整形外科でつくってもらった金具と布地の補助具がないと長距離の歩行はできません。タクシーを頻繁に使うので、私の金欠病の一因ともなっています。でもこの補助具をつければ、80すぎてスウェーデンでもハワイでも付き添いなしに出かけられました。

それでも引越しの年の夏は、途中で息が切れ、足が痛んで歩ききれませんでした。きっとどこか血管系に弱いところが出たのだろう、涼しくなったら精密検査に行こう、と思っていました。何度も書いて恐縮ですが、私は77歳のとき胸腹部大動脈瘤摘出という大手術で3個の動脈瘤を除去、人工血管との置換手術もしました。そのときは痛くて大騒ぎでしたが、私はあまり気にしないことにしています。なったものは仕方がない、大手術のおかげで少し痩せて、大太りが小太りに変化。血管のコブを取って「これがほんとのコブトリばあさん」と笑っていました。でも今、どこか不具合が起こったとしたらその再発だろう、と覚悟しました。

少し暖かくなって、新居の生活が軌道に乗り出したころ、私は病院へ出かけいろいろ調べてもらいました。血液検査の結果を見る医師の目が険しくなりました。「大変な貧血です。もうほんのちょっと値が低かったら、輸血しなければいけないところでした」。こんな大貧血は、何よりも消化器のがんが疑わしい、ということで、あわただしく胃や腸の検査日程が組まれました。「ヒンケツかあ、金《きん》ケツなら納得できるんだけれど」などとボヤキながら。

私はとりわけ胃腸が丈夫というわけでもありませんが、考えてみたら胃カメラとか大腸検査とか、そのテの検査は85歳まで一度も受けたことがありません。満85歳の初体験、ウロウロオロオロの連続でした。徹底的に調べてがんの疑いはシロ。出てきた病名が逆流性食道炎。胃酸が逆流し食道の粘膜を傷めて炎症を起こし、その炎症が原因で出血していた可能性が高かったようです。新しい消化器のクスリが1種類、貧血のクスリが2種類。しばらくして貧血は元に戻り、ややヨタヨタしているものの少し前の元気を回復しました。ひどい息切れも貧血によるものでした。

きっと私の貧血は、医療面から言えば長期間放置した逆流性食道炎が原因ということなのでしょうね。それは正しいと思いますが、**私はだんだんとこの貧血の真の原因に気がついていきました。血液検査による数値を見ても、これは明らかに低栄養、昔なつかしいことばで言えば栄養失調です。**思い当たることは多々ありました。やはり**「金欠ウツ」から「貧血」へ、**だったのです。

精神状態がダウンし、食欲を含め、あらゆる欲求が低下した中で起こったことで、私は勝手に病名を**「中流型栄養失調症」**と名づけました。次の章ではそのいきさつをご説明します。

コラム

BB——貧乏ばあさん増加中

BBとは、ビービーと発音し、日本語の「貧乏ばあさん」の頭文字を取った略称であり、私に言わせれば日本の高齢女性に対する総称です。

「人生100年時代」の到来が確実に予感されるようになったころ、私は、高齢女性の経済的状況が心配になりました。そこで10年ほど前『女、一生の働き方——貧乏ばあさん（BB）から働くハッピーばあさん（HB）へ』（海竜社）という本を出しました。HBは鉛筆の濃さではなくて、働くばあさん、ハッピーばあさんの略称です。あまり売れませんでした。ちょっと早すぎたのかな、と思います。

働いて収入があればそれで幸せ、というわけにはいきません。しかし「幸せ」の条件の中にある程度の経済的安定があることも事実でしょう。

それに、「おばあさん」の存在は確実に日本社会に大きな影響を与えます。これから日本で人口が増える年代は65歳以上のみ。今（2018年）28・1％と世界一の割合ですが、2040年には35・3％になる見込みです。平均寿命の長い女性は多数派を占め、65歳以上で人口の56・6％、75歳以上60・7％、85歳以上69％と、高齢になるほどその比率を増します。ことし（2019年）7万人を超えた100歳以上長寿者のうち、女性が88・1％を占めました。

社会的に配慮を必要とする65歳以上の「ひとりぐらし」は今すでに600万人、高齢者世帯の47・2％を占めます。うち女性が男性の約2倍の400万人。

その女性の状況が数の力で日本社会に影響を与えないはずがありません。そして高齢世帯の収入は「年金のみ」が52・2％。年金は高齢家計の命綱です。

年金は、何といっても、雇用主が同額の保険料を支払ってくれる被用者年金が有利ですが、現在、厚生年金（共済年金）の被保険者は男性2442万人、女性1470万人。サラリーマン専業主婦の第3号被保険者は遺族年金などの優遇措置はあるものの、一人生き残ったときの年金額はやはり、収入が高く、勤続年数の長い男性が有利。そういう過去を踏まえた年金の現状は、厚生年金の平均年金月額は男性16万6千円、女性10万3千円。

人生100年社会は、男性も女性も仕事と私生活、家族のケア（育児・介護）を共有する時代と思います。

最近、女性刑務所の取材をした猪熊律子さん（読売新聞編集委員）の話を聞きました。刑務所への収監者は全体として減っているというのに、65歳以上の女性高齢者は、目立って増えているとか。万引などの微罪が多く、最高年齢は89歳。なんと、私より年上ではありませんか。足もとがあぶなくなった年ごろで、看守さんに支えられながら作業所に向かう、そんな老いた女囚の姿に自分を重ねました。女性の労働が社会にまっとうに位置づけられ、人たるに値する待遇を受けて人生を過ごしていたら、もっと別な場所でのびやかに生きられたのではないか、と思いました。

第2章

おひとり高齢者の食生活

中流型栄養失調症

◆逆流性食道炎から見えたもの

2017年の夏は天候不順、猛暑。その上84歳の建て替え引越しの疲れが重なって絶不調でした。

その上、大変な貧血。さらに**「中流型栄養失調症」**です。**くわしくは、中流性独居型栄養失調症。**ここ何年か、**年ごとに食事の内容が貧しくなっている**ことは自覚していました。外へ出て食事する日、手伝いの人が来て何人かで会食する日を除いて、食事らしい食事をとる日が少なくなっていました。

今のところ、週の半分以上は外出し、週2回は助っ人が来てくれるので、どうやら生きてこられたのだと思います。**一人で家にいる日は、パンに牛乳、ヨーグルト、ジュース**という程度ですますことが多くなりました。こんなに食生活が貧しくなったのはもちろん理由があります。

第一に、空腹感が減ったこと。貧しい食事の量で一応満足してしまうことです。60代だったら、パンと牛乳で夜眠れるはずがありません。

第二に、これが「中流性」という命名の理由ですが、わりと高級なパン各種、牛乳はもちろん、飲むヨーグルトからジュースいろいろが冷蔵庫いっぱいに並んでいます。チーンですむ程度の冷凍食品も揃っています。その気になればカン詰、ビン詰、いただきものの菓子の箱——。中流家庭のキッチンにあるような品々が目の前に並んで、「ある」というだけで充足感に満たされてしまうのです。

第三に、これが最大の理由ですが、今にして私は**女の人生には「調理定年」があ**

るのではないか、と思い始めました。**食事づくりがなんとも億劫に、面倒になってくるのです。**推定するところ、この**定年は80歳前後が多いようです。**80歳のころ、同級生の年賀状に「あんなに好きだった料理が面倒になって」と書き添えがあって、「え？」と思いました。良妻賢母の見本のような友人が言うのです。そういえば、有料老人ホーム経営者から「80代後半のご夫婦の場合、料理する妻がつらそうなので……」と入居理由を語るご夫君が目立つ」と聞いたことがあります。

◆食《く》い改め——クスリより食生活で

私の調理定年は84歳。建て替え引越しがきっかけでした。家財道具の整理は人まかせでしたから、器具や食材の置き場がわからないまま調理をサボりがちになりました。高齢者が引越しをするとボケるというのはここだな、と心を引きしめましたけれど。物を探すだけでエネルギーを使い果たし、いざ料理となるまでに疲れ果ててしまいます。**「そもそも台所に立っていることがつらい」**という友人もいます。

私は自慢できるほどの腕ではありませんが**料理は家事の中で最も好きで、イヤだと思ったことはありません**でした。夫没後17年、一人になってからの調理もちゃんとやっていました。急激に、**こんなに料理が面倒くさくなるなんて。**これが老いなんですね、と寂しくうなずくばかりです。

この症状は単身者に多いようです。同級生の一人は「三度三度つくってますよ。夫にクスリを飲ませなければなりませんからね！」、難しい手術を乗り越えた夫君を持つ女は健気です。

その後の私ですが、クスリをやめても貧血の症状がなくなったのは、やはり食べ方に注意したからです。こういうのを悔い（食い）改めたというのでしょうね。

「ちょっとの努力」をすることにしました。**高齢者の健康はクスリより食生活で、**と言われます。**ひとりぐらしが激増する時代、子ども食堂だけでなくシニア食堂ができたらいいな、**と考えています。

「ごはん友だち」増加作戦

おかげさまで私は、自称「中流型栄養失調症」からほとんど回復して2018年を迎えることができました。暮れに少し長引く風邪を引きましたが、いつの間にか退散。血液検査もあまりよくはないけれど「貧血」と言われる状態は脱しています。これは、いささかなりとも自分自身の食生活に配慮し、「食い改め」た成果だと思います。

まともな食生活こそ高齢者、とくにおひとり高齢者の健康の基本。その原則と高齢者を取り巻く現状を述べようと思います。

（1）小マメこそ美徳

80代のひとりぐらしの女性で、献立づくりから3食1週間の予定を立て、1日の何時間か調理台の前に立つ、という主婦の模範のような方がいます。偉いです。**小マメであることは、食事の改善に資することはもちろん日常動作が増え、体力維持にも役立つ**でしょう。でも、私自身は失格です。デレーッとしているのが心底好きで性に合っています。13〜15歳という時期に肺結核を患い、安静と栄養だけが治療法だった昔。文字どおり「食っちゃ寝」がライフスタイルの基盤になってしまったからだと思います。やっぱり小マメは生涯の宝です。おひとりさま用のレシピの開発を料理研究家にお願いします。

（2）融通性の原則

その代わり**私の強みは、どこでもだれとでも食事の空間を共有できる**こと。たとえば、外食が平気です。友だちとならなお結構、一人でも気にするのはその日のふところ具合と腹具合だけ。すき家のカウンターから帝国ホテルのダイニングルームまで、どこでも落ち着いて食べることができます。長いこと一人で旅行したり取材したりする生活の中で、自然に身についてしまいました。**老いの食生活は度胸も必要です。**

もう一つの融通性は、とくに高齢期に**他者の力を上手に使う能力。**能力とも言えないかもしれませんが、**他人に冷蔵庫の開閉、調理台の周辺を快く明け渡すことができるかどうか。**さまざまな自立能力をいやでも失っていく高齢期、できることは頑張って行う一方、不可能になった**自分の弱さを受容する。必要な支援を受け入れる。**私は**「ケアされ上手」**ということばを使っていますが、このことばについては、またくわしく語りたいと思います。

(3)「ごはん友だち」増加作戦

これには一定の経済力が必要ですが、それほど高額ではありません。そこそこの金額で割り勘で外食する仲間がいて週一～二度のランチ。ご近所に友人がいれば、一定の金額で昼食会。ある友人は自宅を集会場として、月に一度6〜7人の昼食会を開いています。昔の仕事仲間、お金をかけず無理はしない。70代後半になっても働いて一定の収入を得ている自分への「ささやかなプレゼント」と言います。「これができるうちが花」とも言います。できるときにできることをする、さわやかな生き方です。

そもそも、こんなにひとりぐらしが増えて、**個食とか孤食と言われるおひとり食事が増えたのは、日本史始まって以来のこと**ではありませんか。ひところ子どもの「個(孤)食」が話題になりましたが、ひとりぐらし高齢者は男性192万人、女性400万人、合計592万人(2015年)。これからますます増えて2025年には男性268万人、女性483万人にのぼる予定です。

高齢者の健康は家計を含め、社会全体の財政にもかかわります。男女を問わず茶飲み友だちならぬ「ごはん友だち」の輪を広げることは、心身の健康を増進させると思います。

このごろ、人間の食事と歴史的なできごとの関係を考えることがあります。戦国時代の権謀術数の中で垣間見えるのは諸将たちの宴席、接待です。社会を変えるような陰謀をめぐらし、策を練り飲食を共にする側に、女性はいなかった、と思ったりもします。飲食を共にすることが一体感を形成することは、体感した方も多いでしょう。

平昌オリンピックで活躍した外国選手の「オリンピアンとしての体験の価値が大きい。一定期間同じ場所で同じ食事をして……」ということばの端が耳に入りました。「同じ釜の飯」という日本の古くさいことばが甦ってきました。

「共に食す」ということの喜びを、年老いても体感したいと思います。そして、学校給食は戦後が生んださまざまな制度の中で、やはり「よきもの」の一つに数えられてよいと思います。

（4）買い物という生活の快楽

食材をととのえるために私たちは買い物をします。引越し疲れで体力が低下した私は、買い物に行く回数が急激に減りました。まず衣類などのデパートのバーゲン漁りに無縁になり、最後に決定的に食品の買い物が少なくなりました。たしかに配達もお取り寄せも冷凍食品の利用もできるのですけれど、**日常の買い物の回数が減るにつれて、私は日常生活での買い物の意味というものを再認識する**ことになりました。

買い物は人生の自由、自立、そして快楽

20年近く前のこと、私は一冊の栄養学者の著書をくり返し読みふけりました。中村丁次《ていじ》著『女はなぜ男より長生きなのか』（はまの出版）。中村氏は当時、聖マリアンナ医科大学病院栄養部部長、その後、神奈川県立保健福祉大学学長に就任、災害栄養学を切り拓くなどますますご活躍中です。本書は、食習慣の男女差を明らかにしつつ、平均寿命の男女差との関連を解明した名著だと今でも思っています。この中で中村先生は「食習慣、女性化のための10か条」を提案して実におもしろいのですが、それを説明したらそれだけで原稿の紙数が尽きてしまいます。興味のある方は図書館などでご覧ください。「10か条」の中で最も共感したのは**「こまめに買い物に行き、**

ときには自分で料理をつくる」。これこそ、私のこの節のテーマであります。

買い物。老いゆく私にとって日々困難になりつつある日常行動の一つです。そもそもスーパー、コンビニ、商店街へ歩いてゆくのに疲れますし、何よりも生鮮食品、主食類、調味料などの重量がこたえます。ですから今、**独居や虚弱などの問題を抱えた高齢者向けのサービスとして商店や地域で「買い物支援」は欠かせません。**私も配達、カタログ販売、お取り寄せを利用する機会が昔より増えてきました。それでも今年の私は、なんとなく上機嫌なのです。その原因は、引越し疲れや低栄養、息切れなどが原因で買い物の回数がぐんと減った去年に比べて、デパートのバーゲン漁りや食品売り場歩きが多少とも復活したからだと思います。

中村丁次先生は「買い物の効用」について、出かけるだけでも運動になる。それも小マメに、食品は買いすぎないで自分でつくることが大切、と述べておられます。そうです、**買い物の効用の第一は、外へ出て人に出会う、少しは口をきく、挨拶する、**ということだと思います。

◆自己決定の喜び

人間が集まるところ、市が立ち、商品の売買が行われました。お金を持ってさえいれば市場はだれも排除しません。品物を求めて人は出かけ、集い、調べ、選んで会話が行われます。

大切なことは、**買い物する人が自分の目で見て自分で選ぶ**、ということではないでしょうか。今流に言えば**自立の証としての自己決定**。若いころ、衣服を選ぶときのときめきはたしかに生きる喜びにつながっていました。日常の食品の棚から青菜一束選ぶのだって、冷蔵庫の在庫や手持ちの調味料を考え合わせながら、瞬時にほうれん草か小松菜かを決定する。これもささやかながら爽快な自己決定権の行使です。

日本の男性は、この買い物という日常的快感をどうして女性にあっさり移譲してしまったのでしょうか。もちろん『婦人之友』家計簿活動にあるような地道な主婦の活動は戦前からありました。一方で私は農村部の主婦の人生相談をお引き受けしていましたが、今でも家計や家産についての情報を夫から教えてもらえない主婦がいます。そういうデコボコはあるものの、日本の女性（主婦）が日常の買い物権を手にしたのは、やはり戦後のことではなかったでしょうか。私は戦後10年余りを経た1957年に結婚して社宅妻になりましたが、そのころ新婚の家計は、まずは主婦が握っていたようです。私も封を切っていない給料袋を夫からもらって「あたりまえでしょ」と思っていました。毎日の買い物は当然主婦の役割でした。

◆老年よサイフを抱け

そもそも毎日の買い物に出かけるとき、多くの人は事前の情報収集をして、チラシなど見比べて出かけます。これだけでも**一種の社会参加**です。特売のオクラ一袋55円を買うために、高齢女性が開店前からシルバーカーをひいて行列をつくる。店が開くやお目当ての売り場に突進、ためつすがめつ「私の一袋」を選び、意気揚々と引き上げていく。「涙を流しながらリハビリ病院に通う祖父より、このおばあさんの日常のほうがよっぽど毎日がリハビリではないかしら」と言った昔の教え子の話を思い出しました。たしかにこれなら女性の寿命が長くなりそうです。

一方で、1970年前後からの世界的な女性解放運動で、日本の女性がもう一つ勢いが乏しかったのは、日常の家計の実権をすでに握っていたからではないか、という見方があります。

私は、老いても一定の判断力がある限り、この**買い物という社会参加と決定権を最期まで持たせてほしい**と思います。**青年よ大志を抱け、老年よサイフを抱け。**先日、高齢者の多い団地に招かれてどんな地域に住みたいかと聞かれて答えました。

「歩いて買い物　近くに仲間　ちょっと稼げる　仕事があって　共に語らい　共に食べ　こんな団地に私は住みたい」

結構、ウケました。

コラム

80歳は、調理定年？

2017年の夏、ひどい貧血を起こして「中流型栄養失調症」となり（P.46参照）、食事づくりがなんとも億劫に、面倒になったこと、人生には「調理定年」があると思い始めたことは、先に書いたとおりです。そして、『明日《あす》の友《とも》』読者のアンケートを見て、そういう方が増えてきたことも知りました。あなたもですか、ご同輩！

私の場合は、これではいけないと区のシルバー人材センターに頼み、週2回、二人に料理と家事全般のサポートを受けるようになりました。体力が落ちたら、「手づくり主義」は続きません。人の手を借りたり、温めるだけの豚丼の具、酢豚やチンジャオロースの素などを常備して利用しています。

読者の方たちの中にも、さまざまな工夫があるようです。ある人は牛丼の具で肉豆腐や肉じゃがをつくるとか！　私も真似させていただきます。またある人の、1日1食はしっかり食べるというスタイルも、栄養を落とさない一つの方法ですね。

妻の病気を機に台所に立ち、料理を続けているうちにおもしろさに目覚めた人もいます。妻は「家事では私が上位」の意識は捨て、ほめ上手になりたいものです。

サザエさんの漫画から小津安二郎の映画まで、すべて食卓の風景が描かれています。食卓が人間関係の中心を占める情景だからです。そこには団欒だけでなく、葛藤もあるでしょう。そんな食卓に、私と同世代のかなりが一人で向かうという、歴史始まって以来の事態を迎えています。

道路ぎわのカフェで、道行く人を観察しながらお茶することも社会参加の形です。高齢者が気軽に行ける食堂がうちの近くにもあったら嬉しいですね。私は夫と定年後にカレーとサラダの食堂を開こうと語り合ったことを思い出します。調理定年を迎えたら、市販のお惣菜やお弁当も利用しながらある日は自宅で一人で、ある日は外に出て共に食する時間を楽しむ。そんなバラエティのある食生活で、元気を持続させていきましょう。

第3章

老いて歩けば

街角にベンチがほしい

◆オリンピック・パラリンピックファンの理由

近ごろ高齢者に外出をすすめる傾向が強くなりました。**健康寿命の延伸には、食生活、適切な運動、そして人と出会う社会参加の三本柱が必要**だから、ということのようです。私も、ほとんど毎日のように出歩く生活をしております。とはいえ、加齢による体力の衰えは、いや応なく外出時の不自由を増やします。

私が外出するときの不自由は、第一はもう30年来、変形性膝関節症という持病を抱えているので、歩くスピードが遅いことです。医療保険が適用される補助具に支えられて、ごく最近まで海外旅行もしてきました。でもエレベーター、エスカレーターのないところは立ち往生です。２０００年に交通バリアフリー法が制定されて以来、駅などの公共施設の昇降設備は目に見えてよくなってきました。冬季夏季の**オリンピック・パラリンピックが日本で開催されるたびに、何らかの不自由を伴う人の交通手段が目に見えてよくなります。**私がオリンピック・パラリンピックファンである理由の一つです。

学問的には、手足をまとめて「運動器」というようです。この大切な運動器、私たちのアタマも心も体ごと行きたいところへ運んでくれる**運動器の衰え方は女性のほうが顕著**で、私のような関節炎、転倒・骨折による運動器のケガも女性のほうがはるかに多い。

もう一つ、困るのは息切れです。私は77歳のとき、胸腹部大動脈瘤摘出の手術を受け、人工血管に入れ替えました。おかげさまで、それから10年生き延びていますが、後遺症として肺活量が常人の60％ほどに落ちてしまいました。足の疲れと同時に息切れが悩みのタネです。まあ500メートルを一定の速さで歩くと、一息入れたくなります。

◆高齢者も出歩きやすい街づくりを

駅のプラットホームには、待合室やベンチがあるのでありがたい。一息入れて、一電車遅れて目的地を目指します。デパートや大型店では、高齢者向きのフロアにベンチや椅子を設置しているところが多くなって助かります。しばし息を整えて立ち上がると、「それじゃデパ地下でちょっと贅沢な食料品を買って帰るか」と購買意欲も高まるというものです。

街角に椅子を、ベンチを、高齢者も出歩きやすい街づくりをと心から願っています。ベンチまたは椅子に座っている時間というのもなかなか快適です。ぼんやりと人の往来を見て、**歩く人々が巻き起こす小さな風を吸い込む。世の人々と共に生きてぁ**

る自分自身を実感する。これぞ一種の年寄りの社会参加です。北欧などの公園で高齢者が長い間ベンチにいる光景がよく話題になります。日照時間が少ない国の健康上の理由だけでなく、やはり高齢者にとって「おもしろい」からではないでしょうか。

私は至るところで、ちょっと腰かけられる場所をきょろきょろ探します。商業施設に比べて、交通機関は配慮が少ないようです。**空港は別として、全体として椅子やベンチが少ない**のです。とくに駅施設の周辺にはベンチがあまりありません。

ある日、東京駅丸の内南口のそばで、植え込みの低い石垣にちょっと腰かけて携帯電話のコールにこたえようとしました。少し遠くにベンチが見えましたが、もうヘロヘロで足が上がらなかったのです。私の姿を見て、どうやら駅関係の人らしい服装の男性が近づいて来たので、私は先手を打って言いました。

「ここに座っちゃいけないのかもしれませんが、電話に出る間かけさせてください。荷物があるので……」

と言うと、その人は「じゃ、できるだけ手短に」と言って去りました。やっぱり座ってはいけなかったのです。

横浜駅は、定期的な所用があって、あの西口に近い東海道線から東口のデパートまでの長距離を歩きます。何百メートルあるでしょうか。たいてい私の息は、中間地点にある駅から地下商店街へのエスカレーターのあたりでぜいぜい言いはじめます。

エスカレーターのわきに柱があり、柱の土台の囲みが、ちょうど人の二、三人分の腰かけ代わりになります。私はしばしそこで息を整えたのち、エスカレーターに乗るのでした。「いや、ご同輩」と呼びかけたくなる高齢者がお隣にいたこともありました。ある日そこに斜めに板が打ち付けられて、座ることができませんでした。私の口をついて出たひとりごとは「意地悪ねえ」。理由はあるのでしょうが、ここにあるのは明らかに排除の意思です。

すでに高齢人口3割近く、70歳以上だけでも2割に迫ります。**交通機関も大いに高齢者に出歩いてもらって収益を上げてください。**JR東京駅周辺を批判しましたが、駅構内のベンチはよく整備されています。

トイレやいずこ

◆清潔で安全なトイレの整備を

老いて衰えるのは体力気力のすべてに及びます。とくに体力のほうは、いくら食事や運動を心がけても少しずつ衰えていきます。自然現象だから受け入れざるを得ません。体力減退の一つに「トイレが近くなること」があります。**高齢者の外出を制限する一つの要因**です。

今80代の私たち世代が嫁・娘だったころ、老親を車に乗せて近郊の墓地へお参りに行くとき、ひそかに用意するのがしびん、腰かけトイレ、若いもん（私たちのことです）が即席に張りめぐらすカーテン代わりのシーツなどでした。

私の年上の友人は、大のオペラファンでしたが、90歳近くなって、ぷっつりと観に行かなくなりました。オペラは一幕1時間以上という長丁場が多いので、「トイレがもたない」というのが理由です。近ごろ高齢者の心身の健康維持のため、お出かけを奨励する世論が増えていて、私も大賛成です。そのためには、**駅、公共施設、商店街はじめ街角に、高齢者に使いやすい清潔で安全なトイレの整備を**、と願います。

個人の体質にもよりますから一概に言えませんが、私は小のほうは今も大変コントロールが利いて、昔とほとんど変わりありません。しかし、数年前しばらく胃腸の調子が悪い時期がありました。食べものを口にして30分以内に、急激に「トイレ恋しや」症状になるのです。終われば痛くもかゆくもなし、下痢が続くわけではありません。お医者さんへ行こうかな、と思っているうちに頻発することはなくなりました。今でも、講演の前にはものを食べない、などの配慮はしていますが、まあおかげさまでいつの間にか治っています。

それにしても、**そのときのつらさ苦しさ。今思い出してもぞっとします**。あるときはタクシーを飛び降り、近くのコンビニに駆け込みました。あとでたっぷり買い物をしましたけれど。

あるときは、地下鉄の中で。あと少しでターミナルというのにどうにも我慢ができなくなりました。幸い連れがいたので、ハンドバッグなど荷物は全部預かって持ってもらい、私は身一つでプラットホームを駆け回りました。「トイレはいずこ、トイレはいずこや」。うまい具合に駅員さんにぶつかり、大声で「あのートイレはどこですかア?」。恥も外聞もありません。

トイレの場所はなんとプラットホーム階から3階も下りたところでした。近くにエレベーターはなく、エスカレーターはそもそも設置されていない小さな駅です。上から見下ろす3階下の階段。まるで奈落の底か、地獄の谷か。そもそも私は変形性膝関節症の持ち主。下り階段は最も苦手ですが、こう切羽詰まれば痛みもなんのその。たどりついた先は、少々古びてはいましたが、ありがたいことに清潔で、間一髪間に合った私は、まさに地獄から生還の思いでした。**トイレあるところは、この世の天国です。**

◆人間の尊厳が問われる場所

人間の命を保つために摂食――食事をとることは必須の条件です。ならば終着駅というべき排泄の問題も、同様に大切に扱われて当然と思います。現実に、**トイレの質によって一国の公衆衛生ひいては健康状態も左右されます。**幸い、国際的にも地域づくりの上でも、トイレへの関心が高まってきました。度重なる災害によって避難所のトイレが女性、高齢者、障がい者、幼い子たちに使いにくい実態も明らかになりました。**「快適なトイレ」が条件の異なる万人に保障された社会――これこそ、その社会の文化のバロメーター**ではないでしょうか。

国連のＵＮ Ｗｏｍｅｎという組織が、「セーフシティ・プログラム」として提唱する活動に、各自治体が取り組んでいます。私が訪れた大阪府堺市では、女性議員をはじめとして、公園などの安全・清潔なトイレ設置に取り組んでいました。全国トイレサミットの企画もあります。トイレは、**男女の平等と性の尊厳が問われる場所**でもあります。

近年、駅などのトイレも表示が大きくわかりやすくなったこと、びっくりするほどです。とくに車椅子のまま入れる「みんなのトイレ」の普及ぶりはめざましく、最近は広々とした空間を求めて健常者の利用が増え、障がい者が待たされることもあるとか。若年性認知症の夫に付き添って夫婦で入るところを見とがめられ、警備員が飛んで来た、という笑えぬ話もあります。

公的な場のトイレは基本的に男女別です。私は東京大学が女性に門戸開放して7年目に入学しましたが、女子学生比率は2〜3%の時代でした。それでも先輩たちの努力のおかげで、校内トイレの最も入口に近いところに「女子用」の札が掲げられていました。国会でも自治体議会でも「初の女性議員」が登場すると、必ず女性トイレの設置に取りかかりました。

思えば公的な場でのトイレは、男女をはじめ多様な人々の存在証明のようです。**高齢者に使いやすいトイレがある街は、人生１００年時代にいろんな年齢の人が出歩ける元気な街**なのです。

安心パッドとの再びの出会い

◆紙おむつは赤ちゃん用よりおとな用？

高齢者向きの情報を検索していたら、こんな記事が目にとまりました。

「おとな用紙おむつが乳幼児用を超える日」

え？　ホント？　いくらなんだって——というのが最初の感想でした。「寝たきり」と呼ばれる高齢者におむつは必需品、ということは承知していました。先日訪れた特別養護老人ホームの介護資材室で、実に多種多様大量の紙おむつ、整然と区分けされたおむつの山を見てきたばかりでしたから。それにしても、おむつと言えば「赤ちゃん」というイメージが頭の中に固着していたせいでしょうか、その新しい事実が腑に落ちるのにちょっと時間がかかりました。

その後よく調べたら、以上の予測は近未来のお話で、今のところはまだ紙おむつのおとな用生産量は、乳幼児用を下回っています。ただしおとな用の伸び率がすごい。紙おむつ全体量に占めるおとな用の比率は、1997年23・0%から2017年に32・9%へ拡大しています。このままでいくと、**やがて乳幼児用とおとな用の生産量が五分五分になり、おとな用が超える未来が確実に見えている**——ということでした。

でもそれは、日本の少子高齢化の現実を確実に切り取っています。ふと気がつけば、新聞・テレビの広告にも、おとな用おむつのPRが増えたこと。デパートなど大型店の介護用品売り場に、試供品が積まれています。自治体の中には、要介護の高齢者に紙おむつを一定量無料で提供するところもあります。

とくに、**おとな用紙おむつの中で、いわゆるパッド型の伸びはめざましく、**おとな用全体の生産量の中で占める比率は、1997年の58・2%から、2017年には78%と8割に迫っています。これは、そのまま**高齢者の行動の自由を向上させるもの**だと思います。とくに、出産経験のある成人女性の3割に軽失禁があるとも言われます。**尿取りパッドを上手に使って、いくつになってもお出かけを楽しんで生きる。**素敵なことではないでしょうか。

◆「安心パッド」で行動の自由を

この業界も日進月歩、業界最大手のユニ・チャーム、福祉用具のリーダー、ヤマシタコーポレーション、生活用品の花王など、主だったメーカーだけでもおよそ十数社。海外輸出の伸びも著しく、目立たないけれど**化粧品と同じく日本のキメ細かな技術力がものを言う世界**です。

月に1回開かれる中年女性の勉強会帰り、10人ほどの「お茶」の席で私はこの「安心パッド」「尿もれ対策」の話題を出してみました。ひんしゅくされるかと思ったら、意外や意外、場は一気に盛り上がり、80代前後の親や義父母のために、どんなに工夫しているかの情報交換会になりました。

「必ず介護する側が試用してみることです。デパートでも試供品をたくさん揃えていますから」

「尿もれ600グラムまで大丈夫っていうので、私、自分でおむつに水を吸わせて着けてみました。600グラムの水を飲むことと、外へ着けるのと、重さがまるで違うんです。600グラムのおむつを着けて歩くのは大変ですよ」

体験した人でなければ言えないことばも出てきました。**こんなことが中年女性の「お茶」の時間の話題になるなんて、一世代前には予想もしませんでした。**

高齢者の排泄の問題はとても重要なことです。まずは、男女が安心パッドを上手に使って、**生涯のできるだけ長い時間、行きたいところへ行き、出会いたい人と接し、見たいものを見る。そんな高齢者の行動の自由を寿ぎたい。**消費者として、本人も家族も気づいたことはしっかり発言していくことだと思います。現在の程度に安心パッドが普及していたら、今は亡きオペラファンの年上の友人も、もっと長く観劇を楽しめたのに、と残念です。

私もいずれ安心パッドのお世話になりながら、できるだけ長時間外出を楽しみたい。そんな未来にほとんど不安がないのは、やはり経験者だからでしょうか。

終戦からいくらもたたないころ、初潮を迎えた私は学校で教えられたとおりの手製の生理帯をこわごわ当てながら通学しました。もれて出たら死ぬほど恥ずかしい、と恐れながら。戦後の経済発展は生理用品の向上にも直結し、働き盛りになって海外へ行く機会が増えるころには「アンネ」という商標が一世を風靡していました。

そうか、**老いて安心パッドは、女性にとっては今ひとたびのまたの出会い**なのか。これからもしばらくの間、どうぞよろしくね。「老いて歩けば安心の友」です。

コラム

私の室内ウォーキング

2018年は本当に転び年でした。

3月には講演会後に両手一杯の買い物をしてタクシーで帰宅。玄関で大荷物を持ったまま、愛用の脱ぎ履きしやすい靴をさっと脱いだ……はずだったのに、片方がまだ脱げきらず上がり框にひっかかってよろけて転倒。とっさに体をひねり、木の床に仰向けに倒れて、後頭部を強打してしまいました。たたき側に頭を打たずにすんだのは不幸中の幸いです。

悲鳴を聞いて飛んで来た娘（医師）は冷静に診断。「気絶していないし外傷も出血もない。しばらく静かにして様子をみるように。今晩はお風呂に入らないこと」と。

そして、「その日なんともなければ医者に行かなくてよいけれど、硬膜下出血の場合もあるから、半年くらいは注意が必要。急激に認知症のような症状や大声を張り上げたり、失禁などがあったら、じわじわしみ出た血が血腫になり脳を圧迫している可能性大。血腫を除去する手術は予後はよいから、あまり心配しないように」と申しました。＊全ての転倒にあてはまるわけではありません。

4月には2度目の転倒。講演会場で手をついた机が可動式で動き出し、あわててつかまった椅子も可動式。両方に引っ張られて転び、前と同じ後頭部を打ちました。

11月になっても鈍痛が残り頭痛が起きるので、MRIを撮影。でも異常なしでひと安心。要介護になる第一要因は、男性は脳血管と心臓血管障害、循環器系。女性は運動機能——転倒骨折、骨粗鬆症、関節炎。とくに女性は、転ばないよう気づかいが大事です。

私も運動は一度にたくさんできないけれど、短い時間で何度も、を心がけています。70代の大病の結果、肺活量は同年齢同性の6割ほど。一度に歩ける距離は300〜500メートル、少し休んでまた歩くの生活ですから、体力づくりは欠かせません。

そこで考えたのが、家の中のウォーキングコース。コースというと大げさですが、つまずかないよう、床の荷物を片づけて歩きやすい道をつくっています。廊下で、リビングルームで、気づいたときに50歩×2回を1セットで歩くことを習慣に。退院後のリハビリで習った体操も、音楽に自分で歌詞をつけて歌いながら続けています。

第4章

「人生100年丸」に乗って

倍にのびた夫婦芝居の幕ひき

◆結婚生活は一幕ものからたっぷり二幕の時代に

人生100年社会の家族関係というのは、とにかく長い。しかも**親子四世代五世代と重層化した家族関係を安全無事に、できれば幸せに保つのは一大事業**です。まずは家族の基礎たる結婚から考えてみましょう。

かつて**人生50〜60年時代のころ、結婚は一幕もの**でした。結婚して、夫は仕事をし、妻は家事育児、ときには舅姑の介護。昭和の一ケタから10年代の平均出生児数は5人前後。妻は妊娠出産、洗濯だけでも大仕事でした。すべて終わったころにサラリーマンなら定年が、自営業なら跡取りに家業をゆずる日が来ます。

ちなみに日本の企業の定年制は１９８５年ごろまで55歳でした。子だくさんの昔、末っ子はまだ一人前に仕上がっていなかったでしょう。一方で、長男には嫁を迎えています。

妻は孫の世話に追われ、嫁姑の緊張関係に耐え、夫は隠居芸を一つ二つ持っていれば、まずは無事に夫が先立ちました。一幕もののドラマは、これで終わりを告げたのです。

今は大違いです。たっぷり二幕、時間にして2倍の長丁場になりました。一幕と二幕では、主要な登場人物の顔ぶれががらりと変わります。60歳を一つの区切りとすると、**二幕目の登場人物は、家族としてはほとんど初老の夫婦のみ。**ときどき双方の親の介護の影がちらつきます。子らの職場は全国的どころか世界規模。時折訪ねて来るとしても、**二人芝居の長い幕が続くのです。その間ざっと30年。**変化に富んだ第一幕と全く同じ長さです。この計算の根拠は、現在60歳男女の平均余命。男性は90歳まで生きる人が23・1%、女性は約半数の47・2%。**90歳存命同士の夫婦も少なくありません。**

ですから、かつては想像もつかなかった夫婦の風景が見られます。相手の変化に敏感で、**かつ困惑しているのは、多くは妻側**です。たとえば――。

（1）「お子ちゃま亭主」

定年で家にいるようになってから、にわかに「ママ、ママ」と**妻のあとを追い始めた**。何をするにも「ママ、これでいいかしら？」と**いちいち同意を求める。かわいくないこともないがわずらわしい。**「たまには一人にしてよ」。こういう夫はずいぶん前からいて、妻のあとを追う夫を「濡れ落ち葉」と呼んだものです。

（2）「姑化する夫」

職場でわりに偉くなった管理職タイプに多い。現職中は家の中の調度備品、食卓の皿小鉢から料理まで目もくれなかったのに、急に観察が細かくなった。妻の外出中に、妻の支配下にあったはずの冷蔵庫を開けて整理し、「ママ、使いかけのケチャップが中に2本もあったのはどういうわけですか」。食品の貯蔵庫を点検し、特売で買い置きした高級品のお酢の小ビンを指して、「賞味期限というものがあります。買い置きは1本で結構」。

小うるさいこと昔の姑のごとし。この夫は、職場で在庫管理課長の経歴もある方だったとか。

◆「熟年離婚」はおトクではない？

考えてみると、いくら銀婚式をあげた、結婚30年だといっても、お店などの自営業でない限り、昼間の長い時間を別々に生きてきました。日本名物の長時間労働、長距離通勤で、幼いころの子どもの顔を見るのは寝顔だけ、という生活を続けた夫も少なくありません。妻のほうもそう不満でなく、ＣＭにもあった「亭主元気で留守がいい」と自由時間を謳歌していました。

定年は、それまで妻が知らなかった夫が職場で培われた側面を背負って帰宅することです。そこへ社会的役割の急激な喪失が重なります。それやこれやで、ひところは「定年離婚」「熟年離婚」が一つの流行語になりました。２００７年から年金制度が変わって、厚生年金など夫の被用者年金の二分の一を上限に、離婚時に妻に分割されることになりました。

それで熟年離婚がぐんと増えたかというと、数も比率も上昇*しているもののそう飛躍的増加ではありません。きっと**年金分割すると、経済的に貧しいおひとり男女が増えるだけ、**ということがわかってきたからでしょう。

友人の弁護士は、「長年離婚協議書を書き続けてきたけれど、最近は結婚継続協議書というべき文書を作成することがある」と言います。多くは妻の側から夫の守るべき条項が示され、結婚継続の条件となります。そのうちの一つに「今後お皿をなめない」がありました。定年後、あまりのケチぶりに妻はびっくり。お皿をなめるのは、濃厚なソースを下洗いするお湯がもったいない、というわけだそうで、これがほんとの「舌洗い」かと私も驚いた次第です。

＊1995年の60代離婚率は男0・5／女0・3。2014年は男1・1／女0・6（1000人中）。

もう男性は、介護から逃げられません

30数年前、普及し始めたワープロに「カイゴ」と入れると「悔悟」としか出てこなかったと言われます。今や「介護」は最もふつうの日常語になりました。

さらには年ごとに新種を加え、**老老介護**、**認認介護**（夫婦とも認知症）、**遠距離介護**、**シングル介護**（介護者が一人だけ）、**男性介護**、一度に複数を介護する**多重介護**、子育てと親の介護が重なる**ダブル介護**。このダブル介護は最近の調査で全国に約20万人と推計されて話題となりました。そして若い世代が受け持つ**孫介護**、**ヤングケアラー**。**介護離職**も政策の大きな対象となるほど周囲に増えてきました。まさに介護万華鏡です。

◆大介護時代の到来

少子化は日本社会の持続可能性にかかわる問題として、保育所づくりなど近年ようやく大きな政策目標となっています。そうした政策は遅きに失した、と言いたいくらいです。

しかし同じケアでも「育児」より「介護」のほうが大変かもしれません。育児で一番手がかかるのは生後3カ年。日本の0～3歳児の数はざっと400万人ですが、介護保険サービスを使うことができる**「要介護認定者」は2015年の数字で600万人を超えました。**65歳以上の人の17％程度です。子どもは年数による発達の見通しが立ちますが、**介護のほうは10年以上という例も今どき珍しくありません。**

すべての人には親がいて、生まれながらに親を介護する宿命にあります。「そんなの昔からあたりまえ」とおっしゃるかもしれませんが、変わったのは**寿命が延びて、親はもちろん子も老いてから介護が始まるようになったこと**です。

私は「持ち親率」ということばを使ったことがあります（あんまり普及しませんでしたが）。人口学の上では**「親生存確率」**と言います。かつては50～60代で親が生存している人はごくわずかでしたが、今では過半数となりました。**持ち親率の急上昇でだれもが介護予備軍となり、介護力の余裕がなくなります。国民総持ち親時代が到来す**る、と言えそうです。

私はこのような時代を「大介護時代」と呼んでいます。**否が応でもこれから私たちが生きていく、時代であり社会の姿なのです。**

◆「男介《だんかい》」への変化が問い直すもの

介護保険法が施行された2000年からおよそ20年。その間だけでも介護をめぐる姿は大きく変わりました。介護される側の高齢者はさらに長寿化の結果、数が増えるというのが基本的な流れで、これは予測されたことでした。

様相が一変したのは、介護する側、つまり要介護者の子とその周辺です。老老化、男性化、血縁化、プロ化を含む多様化が起こるのです。

団塊の世代が定年を迎えるころ「定年後の仕事は親の介護」という男性に出会うようになりました。いよいよ男性介護者の時代、団塊ならぬ「男介」の時代が来た、と思いました。

この重要な変化は、**団塊の世代からたった10年の間に少子化が急激に進んだことが大きな要因**でした。60歳になる人が生まれた1960年には、合計特殊出生率は2・0という数値を示します。その後多少の上下はありましたが、大まかに言えば現在の1・4台へまっしぐらの下降線。

きょうだいが少なくなったのですから、男性も介護に参加せざるを得ません。結婚率が下がっていますから、親が倒れたとき介護をまかせる「嫁」がいるとは限りません。いたとしても、その嫁も生家の一人娘や長女だったりして、そちらの面倒に追われます。こうして日本近代に明治民法として根を張り、戦後の民法改正後も習慣として続いてきた、長男優先の家父長的家制度は衰退に向かいます。自分の親はさておき、**「夫の親を優先的に介護する」という意味での「嫁」は今や絶滅危惧種**です。これは嫁の心がけの問題ではなく、数の変化の問題です。

介護保険法スタート時の家族介護者の性比は男性17％だったのに、2016年には30％を超えました。女性のうち「嫁」は大勢力だったのに、今は「息子プラス娘」の血縁グループが「子の配偶者」をはるかに上回りました。

もう男性は、介護から逃げられません。それなのに日本男子はこれまで介護に不向きなように育てられてきました。ケアの基礎というべき家事から、学校の教科でも家庭生活でも遠ざけられてきました。今、**介護の増大と男性化は、人間社会とケアのシステム、男女の生き方を改めて問い直しています。**

介護離職ゼロ作戦――君、辞め給うことなかれ

◆「介護嫁」が表彰される時代があった

日露戦争で出征した弟に、与謝野晶子が「君死にたまふことなかれ」と絶唱した詩は、今も反戦平和の金字塔です。格調高きフレーズを借用するのは恐縮ですが、**私は今、介護に直面しているあらゆる人たちに、とくに現役で働く世代に心の底から申し上げたい。「君、辞め給うことなかれ」と。**

私自身、仕事の方向性がやっと定まった40代、一人っ子、しかも母子家庭の柱として母の介護に直面。その後の長い一生のテーマとなりました。なんとか乗りきれたも

のの、心に鳥肌が立つようなパニック的状況の中で見送ってしまった母に対して、申し訳なく感じています。

実際、**１９７０～80年代の働く女性にとって、介護で離職するのはあたりまえ。**私の周辺にも、初の管理職に登用された職場を辞めた人、子育て後、研究者の道へ再挑戦したものの、留学先から義母の介護に呼び戻された人、**女の人生二度目のすべり台で、仕事という足場から滑り落ちた女性は全国津々浦々にいました。当時、家族介護者の続柄は「嫁」が最大多数でした。**

１９８０年代には、各自治体の三分の一ほどには、外郭団体などによる何らかの**「介護嫁」表彰制度**があり、嫁による介護に奨励という圧力をかけていました。転機を迎えたのは、家族負担を少しでも軽減し、社会で分かち合おうという**介護保険制度の発足**でしょう。要介護の高齢者の姿、介護する家族の実態、それらが世間の光の中に可視化されたのです。

介護保険制度開始から約20年が経過し、１９５０～60年代に生まれた世代が中高年に達しています。出生率2・0以下の世代です。親たちは80代前後で要介護のリスクが高まってきました。前節で述べた要因が重なって、**介護を担う主役は嫁から娘、息子に変わりましたが、終始変わらず介護を担ってきたのは、老いたる配偶者です。**

この世代の男性は80％以上がサラリーマン。介護離職する人が目立ちはじめ、男性介護者比率が3割を超えるころ、男性介護者と支援者の全国ネットワーク（事務局長・立命館大学・津止正敏氏）などが生まれ、私も有識者たちと共に2013年**「介護退職ゼロ作戦」**の要望書を厚生労働大臣に提出しました。

今やっと、介護離職ゼロ作戦は政府の一億総活躍プラン三本の矢に記され、育児・介護休業法の一部改正も行われました。**介護離職ゼロの三本柱は、一に職場環境、二に地域の介護保険中心のサービスの充実、三に身内や近隣の助け合い**です。

一方で財源難から介護保険要介護Ⅰ～Ⅲのサービス縮小が論議されており、介護の公的サービスが縮減するようでは、介護離職はかえって増えるのではないかと心配です。

◆介護とは、いわば人間の証明です

介護離職者（全国で年間約10万人）自体は今も女性が8割、しかし男性の比率も数も増え続けています。男性の仕事と介護の両立が可能になれば、女性もまた可能になるでしょう。そもそも、**介護離職が増えると、第一に、当事者の老後の生活設計と年金が大幅に失われます。第二に、企業は人材を失います。第三に、国は個人所得税の財源を失います。第四に、医療・介護・年金制度もこの年齢層の働き手の負担が多いのです。**どちらを見ても損するばかりでロクなことはありません。

今、家族介護者として参入し、職業との両立が危ぶまれる男性たち。男だからといって特別扱いする必要はないとは言うものの、彼らの成育歴、身につけた習性、男同士でつくり上げた社会などの背景について、社会全体が理解を深める必要があると思います。**男性介護者の特徴は第一に孤立**です。まだ社会的に少数派であることから「かくれケアラー」が少なくありません。**「ひきこもり介護者」への目配りが必要**です。

日常の調理や掃除などの家事を老母まかせにしてきた男性は、何にどう手をつけてよいか困惑します。中学で家庭科が共修になったのは1993年、高校は1994年からです。つまり40代以下の世代からです。今、家族介護に直面する40〜50代の男性たちは、学校教育で衣食住の自立、家庭の創造などについて学ぶ機会を逸した最後の世代です。

政府の調査によると、高齢者虐待第一位の続柄は「同居の息子」、被害者の第一位は80代の母親でした。まぎれもなく私たちがその母親世代です。

介護は人間にしかない大切な営みであり、いわば人間の証明です。その介護を社会にどう位置づけるかは、その社会の文化のあらわれです。男性が介護から目をそむけていられたこれまでの日本社会は、どうかしていたと思います。**男たちが自分の問題として介護を語り、仕事を続けたいと声をあげるとき、日本の文化も変わるでしょう。介護する人が幸せでなかったら、介護される人も幸せになれるはずはありません。**

ケアされ上手でありたい

◆介護される自分を想像できますか？

同じ本や同じ番組を見ていても、登場人物のだれに身を寄せて考えるかは、年の重ね方で違ってくるものです。たとえば高齢者介護。私は40代で母の介護に直面したせいか、その後、介護保険制度創設をめぐる公的な論議にかかわったときも、私の立ち位置は、介護する嫁・娘、そして妻。要するに当時介護者の80％以上を占めていた「介護する女性」の立場でした。

最近久しぶりに、全国から公募した介護体験記を選者として読む機会がありました。その結果は『介護 老いと向き合って――大切な人のいのちに寄り添う26編』（ミネルヴァ書房）にまとめられています。**介護保険制度の普及が、どんなに家族介護者を孤立から救い、介護をとおして人と人を結び付けているか**を知って、つくづく「創ってよかった介護保険」と思いました。

読むほどに私は、自分が体験記を執筆し応募した「介護者」よりも、その人たちに「介護されている」側に気持ちを寄せていることに気づきました。私80代半ば、政府統計によれば、要介護の認定を受けた人は、65～74歳ではその年齢層の3％にすぎませんが、75歳以上となると23・3％にはね上がります。認知症もこの年代から増えています。

今回の体験記を読んで、**よい介護とは、介護する家族やプロの介護者があっぱれであると同時に、ほとんど寝たきりの方を含めて介護される側がなんとも立派な方が多いことに気がつきました。**たとえば最優秀賞の小澤里美さん（岐阜市）の母上。106歳で亡くなり「主たる介護者」の長女、里美さんは86歳。夫君も同年輩、まさに老老介護の典型です。

　母上は夫君を見送り、90歳を過ぎるころ60キロ離れた別の都市の一人住まいから長女宅へ合流。機嫌よく暮らし、一度も元の住居へ「帰りたい」と言いませんでした。やがて2階から階段を下りるのを「怖い」と言い階下へ移り、101歳で家族の介助だけでは入浴困難になり、訪問看護・介護、デイサービスを受けるようになりました。

　外部の介護サービスを快く受け入れ、若いころには「怖いくらいの母」だったのに、同居してからの15年間「命令しない」「反対しない」「不足言わない」「小言言わない」「怒らない」と、娘の目から見ても「予想外」の母の姿でした。それでいて、自尊心は高く、周りの人たちにも一目置かれています。最期を迎えるときは、ショートステイを経営する病院へ入院。母上かねて用意の死に装束をお預けし、延命治療はせず、2週間後に亡くなられました。院長さんから「素晴らしいご高齢のお方にご縁をいただき、ありがとうございました」とのご挨拶。私など「さすが明治のお方」と、ふうーっとため息をつくばかりです。1年や2年でなく、この生き方が娘の家に同居以来15年間続いたのですから。**自我に対するいさぎよく清々しい一種の諦念。その上になおも輝く筋をとおして生き抜いてきた自信と自尊心。**頼りの長女とはいえ、90代で再同居するまで、娘はいわば「他家に嫁し」、半世紀にわたる別居生活を送っています。この間におのずとでき上がった、**おとな同士としての母と子の距離**も、介護の上で双方甘えすぎずプラスに働いたと思います。

私のように、途中に多少別居の時期があったとはいえ、ほとんど同居、シングル同士で言いたい放題の母と娘は、ニアミス事故を起こさずに、最後の親子関係の坂を上りきることができるでしょうか。

◆ポイントは〝ユーモアとありがとう〟

全体に共通しているのは、**「ありがとう」と感謝のことばや介護者を認めることばを持っている、**ことと、**かなりわからんちんでも、どこかにユーモアがあること**です。

そして介護保険制度などを利用して、外部サービスの専門職、行政や隣近所、親類縁者を動員して広がる介護の輪。**介護があるから孤立したのではなく、介護があったからより多くの人々と親しくなれた**——**介護の成功者の共通条件**です。ということは、**高齢者の側が外部サービス利用をいやがらない**こと、それが「ケアされ上手」の基本かと思いました。

ある例では、ショートステイを断固として拒否する男性がいました。妻は外傷と更年期障害で心身ともにボロボロ、あるとき夫の首に手をかけた自分にはっとします。認知症をはじめ脳に障がいを持つ例が多いので、家を離れることをいやがるのも仕方がありません。最初の例の小澤さんの母上のように、ショートステイに行くことに「反対しない」「文句言わない」。私はこんなふうになれるかしら。最期をどう迎えるかについては、多少考えもし、用意をしたつもりですが、その前に「ケアされ上手」になる課題があったのか。**人間いくつになっても修行ですなァ**、と決意を新たにした次第です。

コラム

「ヘルプ・ミー」と言えますか

80代半ばになり、朝起きてまず感じるのは、首が痛い、肩も膝も痛いこと。長年よく働き、70代には大手術を受けた体が悲鳴をあげています。

すべてが億劫で、一つのことをするのも大変。体の一部の現象がときに全身を、ときに全精神を覆うのが老い。でも自分たちが長生きしているのは、少し先輩が大ぜい命を落としたあの戦争の結果、長く広範に続いた平和と繁栄のおかげです。

医学の進歩も栄養水準の向上も、その上にある。折角与えられた長寿を、享受しなきゃいけません。楽しくなくても楽しげに生きるのが、早く死んだ人への感謝で供養じゃないかしら。そして後輩のロールモデルになること。老いることは日々修行です。

人生100年ライフは、医学の発達で不自由を伴って生き残る。自立が困難になり、しかもひとりぐらしが増える社会です。だれもが最後は、家事サポートとケアがないと生きていけない。24時間つききりでいてくれる人手も、雇うお金もなければ、〝野垂れ死にならぬ家垂れ死に〟になりかねません。施設入居は限られるので、支援者が回れる範囲に集まって住む集住も考えていかなくてはならないでしょう。

自分で家事や体調管理をするのが難しくなってきたときは「ヘルプ・ミー」と、自立を助けてもらう弱者に変容することが求められます。

「人の世話になりたくない、他人に冷蔵庫を開けられたり、家に入って来てほしくない」という人が一番困りもの。きちんとしてきた人ほど、そうなりがちです。どこでどのように妥協できるかに人間性が問われます。それに耐えるのが人生の終末。

本当に長寿は試練です。個人としての尊厳、人間としての誇りを失わず、言うべきことは言い、かつ他者の助力を感謝して受け入れたいですね。

第5章

大介護時代をどう生きる？

時よ止まれ、老いた私が遅すぎるから

高校生の年ごろは何かと背伸びしたがるものです。同級生が熱心に読みふけっているのを見て、私は亡くなった兄の書棚から同じ本を取り出して読み始めました。ドイツの文豪にして大政治家ゲーテの『ファウスト』です。

結局私の能力では今に至るまで十分理解できていませんが、二つのことが印象に残りました。一つは老いたファウストが悪魔と契約して手に入れたのが「若さ」だったこと。もう一つ悪魔との約束は「時よ止まれ、汝は美しい」と言ったら彼は死に、魂は悪魔のものとなること。やがてファウストは、人々が協力して作業している様子に、この禁句を発し、一切を失うのです。有名な場面です。

近ごろ、このセリフをしきりに思い出します。**「時よ止まれ」とは言わなくても「時よ、ちょっと待ってよ。もう少しゆっくり進んでよ」**と思う毎日なのです。本節は老いと時間について述べたいと思います。

◆のろさへの応援歌

ピンポーン。門に設置したインターホンが鳴ります。3年前に建て替えた家では、2階の私の仕事場・寝室にも、小さな画像と共に来客の声と姿を伝えます。

まだ多少とも仕事をしていますので、資料などのメール便、贈答の季節ともなれば老いの身をいたわって各地からのおいしいプレゼントも。基本的にこのインターホンの呼び出しは喜ばしい訪れが多いので、私は元気よく、「はあい、すぐ行きまーす」と答え、椅子から、ときにはベッドから起き上がって、14段の階段を下りるのです。

ですが、決して「すぐ」行かれません。そもそも、インターホンを手に取るまで**あと10センチの手が一動作では届かず、身をよじって、さらに時間をかけなければなりません。**この先の階段が結構時間を要する難行苦行です。私の両膝は変形性膝関節症。50代のころの転倒打撲のあとが長引き、外出時には整形外科でつくってもらった補助具を巻いています。家では外しているのでその分、動作が鈍くなります。手すりにしがみつきながら、14の階段を一歩一歩。足ではなくて手で下りている感じです。「年寄りだからなかなか早く出られないのよ。ごめんなさいね」と詫びつつ玄関を開けるまでには、それなりの時間がかかっています。

世の中の科学技術の二大進歩は、一に省力化、そして二に高速化です。戦前夏休みに父の実家の名古屋へ行くとき、朝、東京駅を出て沼津で鯛めしのお弁当を食べて、7時間以上かかりました。今はのぞみに乗れば2時間を大幅に切ります。音速より早い航空機もできました。世界中のほとんどと瞬時に交信できます。

高齢者のいるところには、高速化は通用しません。心身の衰えとともに動作は日々

低速化し、何をするにも時間がかかるのです。世の中の高速化と逆行して、年と共に体の動きは低速化、かつ誤作動が増えます。

タクシー待ちの行列に並んでいたら、私のすぐ前の男性は一人で電動の車椅子に乗った高齢者でした。70代後半でしょうか、乗車するときは車椅子から降りて、自力で乗り込めたのですから、それほど重度の障がいではなさそうです。それでも車椅子を折り畳んで後部トランクに収納するには、運転手さんの力が必要でした。私が次のタクシーに乗ったら、運転手さんにいきなり言われました。

「20分ですよ、20分！」

車椅子のお客の乗降介助に、20分かかるのだそうです。もう少し短いかと思いましたが、荷物でもあればそのくらいかかるかもしれません。すぐ前のタクシーに待たされたので、運転手さんはイライラした様子でした。「20分あれば相当走れますからねえ」と残念そうでした。「でもこれからもそういうお客が増えますよ」と言っても返事はありませんでした。

何でも遅い高齢者に、若い人がつき合っていくのは大変ご苦労なこととお察しします。何しろ**速さは善、時は金なり、能率効率スピードアップの時代ですから。そこへ何ごとにも時間がかかる高齢者がどっと増える人生１００年社会。どう折り合いをつけたらよいのでしょうか。**人によって年齢によって、時の流れのスピードが違うことを寛容に認め合っていくしかないのか。それにしても高齢者の「遅さ」ゆえに生じたコストは、この経済社会で誰がどう負担するのか——とつおいつ考え込んでいるとき、ある新聞のコラムが目に入りました。

「人生はのろさにあれ　のろのろと蝸牛《でで むし》のやうであれ　山村暮鳥《ぼ ちょう》」（朝日新聞朝刊、２０１９年8月22日）。「折々のことば」という鷲田清一さん（哲学者）の連載コラムです。山村暮鳥は明治・大正期の詩人・児童文学者。詩「自分はいまこそ言はう」の一節だそうです。鷲田さんは言います。

「前方ではなく空を仰ぎ見、また大地を蹴るのではなく足裏で感じることができる。ふだん目にもとめないものが目に入ってくる。」

速いことはたしかに一つの価値であり、利を生むには便利でしょう。その**速さゆえの見落とし見逃しがたくさんあるだろう、**と思います。のろいことへの応援歌を見つけて、私は少し心が軽くなりました。

認知症　みんなで支えりゃこわくない

◆わが友の認知症

2016年末、介護型有料老人ホームにいる中学の同級生を見舞ってきました。そのときすでに施設で4年。その3年前から認知症と診断され、本人も自分の病いを納得していました。夫は先立ち、子のないひとりぐらしの彼女を、3年間は近くに住む友人を中心に、私を含めて中学の仲よし3人組で見守ってきたことになります。親戚への連絡も、ご本人が絶対に拒否でしたから。

最初に気がついた最寄りの友人は、**病院の受診をすすめましたが「私はなんともな**

い」。認知症の人の家族が直面する最初の難関です。友人はうまくその関所を越えました。「私ももの忘れがひどくて心配なのよ。おシバ（旧姓柴田の私）に病院を紹介してもらうから、一緒に行ってよ」。結果は「アルツハイマー型認知症」。連れて行った友人の方は「ご年齢相応の脳」。幸いアリセプトという薬が効いて、医師への信頼感も強く、2年余りは無事に過ぎました。

しかし、服薬や通院が自己管理できなくなったのでしょう。最も親しい友人にもマンションの扉を開かなくなり、生活の乱れが目につくようになりました。この段階で介護保険の申請や施設選びをすすめたのですが、すべて拒否。もともと他人から指示されるのを嫌う誇り高き才媛なのです。「事故があったら」と心配する友人に、**医師は「施設入居には本人の納得が絶対に必要。事故は起こったら考えればよい」**。乱暴なようですが正論には違いありません。

はたして事故は起こり、近くのファミレスで夕食後、自宅へ帰る道で転び、意識を失っているところを発見されました。この段階を経てようやく姪御さんに連絡を取り、本人も手術、リハビリ入院など素直に受け入れ、人が変わったように有料老人ホームへの入居もスムーズでした。幸い夫君の遺族年金などもあり、老後資金は心配ありません。今回の訪問でも、よく笑う朗らかなお年寄りになっていましたが、もう私がだれかは全くわからず、ただ自分に好意的な人と感じて歓迎してくれたようです。その一方、成年後見人になって絶えず訪問する姪には、全幅の信頼を置き、関係性も完全に理解しているようでした。私たちも80代半ば、どうかこのまま平安な時間が流れていくように、祈るような思いです。

◆かくさずに、助け合う仲間をつくる

認知症の人と家族にとって、２０１６年は大きなできごとがありました。２００７年、認知症で要介護Ⅳ、当時91歳の男性が、自宅から一人で外出し、ＪＲ構内で轢死。85歳（要介護Ⅰ）の妻がほんの数分まどろんだ間のことでした。ＪＲ東海は、列

車遅延などの損害賠償約720万円を求めて妻と長男を提訴。一審はJRの全面勝訴。二審は長男免訴、妻に360万円の支払いを命じました。これでは在宅で介護するほど有責とされる、という世論の高まる中、注目の3月1日、**最高裁の判断は、家族の責任を全面的に免除するもの**でした。世論と実態の勝利として私も一応は歓迎しました。

でも、根本的には解決になっていないのです。たとえば、先にあげた私の友人が入居している老人ホームで、もし入居者が外出して似たような事故死をしたら――。施設は、鉄道会社と遺族の両方から責任を問われかねません。そうなると**施設は責任を免れるために扉に厳重に鍵をかけたり、入居者の行動の自由への束縛を強めるかもし**れません。

認知症の人は2015年、全国で520万人を数え、団塊世代がすべて75歳以上に入る2025年には約700万人、高齢者と呼ばれる65歳以上人口の5人に1人！

と聞くとちょっと絶望的になります。

同級生や同年輩の中にも、冒頭で紹介した友人のような例が増えてきました。**数の問題以上に深刻なのは、家族をはじめ支え手の問題**です。冒頭の友人は、夫も子もいませんが、姪がいた。私たちの父母世代が平均5人の子を生み、その子世代（私の世代）が95％以上結婚していたおかげです。団塊世代まではこの傾向が続きますが、1950年代生まれから「二人っ子社会」になり、しかも50歳時独身率が今の50代から男性が2割超、女性1割超という大シングル社会の到来です。家族をあてにできない人が増大する「ファミレス社会」です。

対策はただ一つ、家族でなくても気づき助け合う習慣を今からつくっておくことです。**認知症をかくさず可視化する、家族でなくても関心を持ち手助けする、**重大事故は別として**小さな事故には寛容の精神を持つ。可視化、関心、寛容の3K**が解決の鍵ではないかと思います。甘すぎるでしょうか。

く、「自分の困っていること」を周囲に伝えるコミュニケーションが取れなくなったいらだちが強いのではないか、と思いました。今度、認知症の友人に会ったら「何がしたいか」まず聞いてあげたいと思います。ご本人は「今日は何月何日ですか」「8＋5はいくつですか」なんてことばかり聞かれては、たしかにうんざりでしょうから。**人を決めつけず、相手に好奇心・関心を持って接することは、こちらのボケ防止にもつながる**と思うのです。

◆娘との喧嘩も張り合いに

私だってもちろん認知症になりたくありません。しかしやがて、高齢者の5人に1人がなると言われ、かつ長生きするほど確率が高くなるようですから、逃げきりは不可能、と覚悟しています。

最近、私にゆかりのある地域で講演をすることになって、リーダー的な友人が同級生10人ほどに知らせて誘ってくれました。ところがうち二人ほどが、電話に出て歯切れよく応対はするけれど、話の趣旨が通じなかった、というのです。周囲に聞いてみると初期の認知症ではないか、と言われている様子、リーダーの友人が私に怖いことを言いました。

「二人とも、人もうらやむ孝行娘の一家と同居して、至れり尽くせりのお世話を受けているのよ。あなた（私のこと）の元気なわけがわかったわ。毎日娘さんと喧嘩しているもの」

わが家の唯一の家族である娘は、60代に入った勤務医で、私の健康上のことを含めて、箸の上げ下ろしに小言を言う小姑のような娘です。文字どおり**子姑**ですね。一理あることではあるのですが、もちろん負けている私ではありません。**丁々発止とやらない日のほうが珍しい**くらいです。

腹を立てながら眠る日もありますが、**精神的に一種の緊張感があって、張り合いがある**のも確かです。

◆かくれ介護者にならないで

そして私は娘にすでに言ってあります。最期の医療に対する希望と、認知症になったときの対応。**認知症になったときは、どうかかくさないで友人や隣近所に事実を告げて、公的な支援をできるだけ受けてほしい。**認知症であることを公表し、適切な支援を求める人が増えれば増えるほど、その対策は進むはずですから。**家族が認知症をかくす「かくれ介護者」が増えては、世の中暗くなるばかりです。**認知症の人を世の光に。その光として、**親の認知症を世の中に見える化することをためらうな、**と言ってあります。

実はこの節のタイトル「認知症を世の光に」は先達からの借用です。1946年、重症心身障がい児のための施設近江学園を創られた糸賀一雄先生が「この子らを世の光に」と言われたのです。中学生だった私は、はじめ「この子らに世の光を」のまちがいではないかと思いました。日本がまだ貧しくて障がい児に光があたっていない時代だったからです。でもすぐに理解できました。「この子ら」の存在が光となって、私たちの目指すことやなすべき行動を教えてくれることを。認知症も同じだと思います。

新オレンジプランは、２０１７年にさらに改訂されました。本人志向、認知症の人と共に生きる地域づくりは、今後さらに進められると思います。

老いて迎える誕生日

◆冥途の旅の一里塚

87回目の誕生日を、ことし（2019年）は長い連休のさ中に迎えることになりました。5月4日です。新緑が美しく暑からず寒からず、季節としては大好きですが、この年齢になると誕生日が楽しみ、と言える喜びは少しもありません。**ときの過ぎる速さが年ごとに加速度をつけていくこと、そして老いの一日ごとに、身体の節々の痛みが増し、全身の機能が低下していくこと**を改めて実感して思います。

「あーあ、誕生日なんて嬉しくないなあ」

昔は年齢を満年齢ではなくて、お正月ごとに一つ加えるいわゆる数え年でした。ですからこんな歌が伝えられています。

「正月は冥途の旅の一里塚　めでたくもありめでたくもなし」

今は誕生日ごとに年齢を加えますので、「誕生日、冥途の旅の一里塚」というところでしょう。「あーあ」という感じで、一回りほど年下の友人にそう話したら、こんな答えが返ってきました。

その人は中年のころ、夫の赴任に同伴してアメリカに住み、アメリカ人の年配の女性について英会話を勉強していました。もう中年に達していた彼女は、レッスンの話題が誕生日になったとき、今の私のように「嬉しくもなんともない。年を取るなんてめでたくない」と言ったそうです。初老のアメリカ女性から思いがけない大真面目な反論というかお叱りが返ってきました。

「――そんなことはない。まず生まれて今回の誕生日を生きて迎えたのは喜ばしいことだ、生まれるチャンスを得たことが奇跡的だし、ここまで無事に生きてきたということも奇跡的だ。**誕生日こそここまで生き、今生きてあることを喜び、感謝する日なのです**」

先生の話に、友人はなるほどそういう考えもある、と納得したということでした。

◆生きてある喜び

私も考えてみればたしかにそうだ、と思いました。私が生まれた1932年は、出生率は4・58と高かったものの、大ぜい子どもが死にました。**私の同年代の統計を見ると、生まれた赤ちゃんの何と1割以上が生後1年以内に死亡**しています。そこを生き延びた幼児の命を、疫痢、百日咳、猩紅熱《しょうこうねつ》、ジフテリア……山ほどの伝染病が奪っていきました。大正の末に生まれた私の姉は、数え年7歳、幼稚園児のうちに疫痢で死にました。

先日、久しぶりに昔の童謡を音楽の好きな中高年と一緒に歌いました。野口雨情《うじょう》の作詞による「シャボン玉」。幼いわが子を亡くした作詞家の悲しみのこもった歌だと初めて知りました。**幼いものの命はしゃぼん玉のようにこわれやすく消えやすい**ものでした。

今、常に世界トップクラスを誇る日本人の平均寿命。戦前は男女とも40代でした。今このように長い平均寿命を達成できたのは、長生きが増えたからでもありますが、何よりもあの**乳幼児死亡率が激減し、世界最低になった**からです。

第二次世界大戦に終わる、いわゆる十五年戦争は、1931（昭和6）年の満州事変から始まります。その翌年生まれた私の世代は、物心ついたら戦争で、その勢いは日ごとに強くなりました。

東京育ちの私は、6年生のとき長野へ集団疎開。そのころから毎日のように米軍機がやって来て、爆弾を落としていきました。東京に残った幼なじみの同年のミヨちゃんは、250キロ爆弾の生き埋めになって死んでいます。終戦の年、5月の山の手大空襲では、最寄りの私鉄の駅が焼け、顔なじみの酒屋さんのおばさんが焼夷弾の直撃に遭って死にました。終戦があと数カ月遅れたら、東京住まいの私は無事生き延びられたかどうかわかりません。

戦争による被害は私たち世代に共通していますが、個人的に私は病気になりっぱなしでした。肺結核で中学を1年休学、腎臓も悪くて、その後の病歴を書くとそれだけで字数が尽きてしまうので、もうやめます。

その私が87歳でまだ生きているなんて！ 老いの身の衰えをかこつ日もあるものの、基本的に**この世に生きてあることを楽しんでいる。まさに奇跡です、ありがたいです。おかげさまです。**

数年前スウェーデンを訪れたとき、この国の祝誕歌を聞きました。英語で言えば「ハッピーバースデイ」のスウェーデン版です。生まれたばかりの赤ちゃんの枕許でも、中高年同士のお誕生パーティーでも同じ歌を歌います。歌詞は**「長生きしよう 長生きしよう あなたはきっと100まで生きる！」**

ある中高年のパーティーで、ふと気がついたら100歳に達したメンバーがいました。だれかが音頭を取り直して「あなたはきっと永遠に生きる」と歌ったそうです。

命を寿ぐ思いがあふれたお話でした。

コラム

幸せに生きる人の共通点

〝人生を自分らしく、幸せに生きる人〟の共通点の一つは、まず、この世に受けた命には初めと終わりがあることを、受け入れていることかなと思います。その点、私みたいな凡人は、常に自分に言い聞かせていないとだめですね。日々一生懸命生きて、それでもあるとき、起きられなくなる日が来ることを。

『なりたい自分になろう！　人生を切りひらいた女性たち 2』（教育画劇）という小学校高学年向けの本を監修しました。そこに収められた近現代を代表する女性たちの人生は、みな順風満帆だったかというと決してそうではありません。でも、転んだら起き上がる「復元力」「立ち直る力」がありました。市川房枝も矢嶋楫子《かじ》も、羽仁もと子先生だってそう。みな人生のどん底に突き落とされるような挫折を味わっていた。朝の連続テレビ小説「あさが来た」のモデルになった広岡浅子は、自分の人生は「九転十起だ」とまで言っています。

失敗しない人生が成功する人生ではなく、失敗しても立ち上がれる人生。そして転んだ回数よりも1回だけ多く立ち上がり、ひいてはそれが生の充実につながる生き方。仲間がいて孤立無援ではないというのも、彼女たちの共通点かもしれません。「我以外皆我師」ということばがあります。人間の多面性を思えば、後から生きる私たちのよさは、先達の人間まるごとのうち、「イイトコドリ」ができるところ。大いに参考にするといいのだと思います。

私も80代半ばをすぎてここまで生きたら、天寿を全うしたと言うべきなのでしょう。よくある人の老い方の例の一つとして、徐々に衰え、自分を開き、自宅を開き、人の世話を受け入れ、冷蔵庫の中を整理されて、でも言うべきことは言う。そうした弱者に変容する時期を経て、基本的に感謝をしながらあの世へ行く覚悟をしたいもの。最近は、より「ケアされ上手」になることが必要かな、と感じています。

第6章 老いての自立と支え合い

災害を超えて老いを生きる❶

２０１８年、続く２０１９年も日本列島は、水害、地震、その結果の大停電など、各種の自然災害に襲われ続けました。人生１００年時代と言われる今、**その人生の最終ステージで、生活をくつがえす災害に遭ったとき、高齢者はどう生き延びるか、その後の生活をどうやって回復するか、**家族と住まいを失い、災害のあとの高齢者の人生はどんな歩みをたどるのか、同年輩の身の上が気になります。

ほとんどの災害のニュースは、**災害死者のうち高齢者が多い事実を伝えています。**たとえば、２０１８年猛暑の中、西日本を襲った集中豪雨では、死者２３７人

（2019年1月内閣府）。もっとも被害の大きかった愛媛、岡山、広島3県の死者のうち、60歳以上が7割を占めました。東日本大震災では、2012年3月警察庁発表によれば、東北三県の死者1万5786人中、70歳以上が45・2％と半数近くを占めました。体力が弱っていれば当然のことで、災害弱者と呼ばれるゆえんです。

阪神・淡路大震災のころ、私は65歳前で中年・現役世代のつもりでした。忘れられない記事がありました。週刊誌の一節だった、と思います。

倒壊した家屋の煙がくすぶる中、若い人、子どもの死体が運び出されたあと、明らかに年を取った女性が生存者として救出されました。見守る群衆の中から、「代わってやればよかったのに」ということばが聞き取れたそうです。**老いて命が助かった人の生きにくさ**に思い当たりました。では老いた人は、災害で生き残ることをあきらめたほうがいいのでしょうか。2011年3月11日の東日本大震災から約2カ月半、新聞の人生案内欄に、「祖母置き逃げた自分呪う」というタイトルで大学生女子からの投書が掲載されました。（読売新聞朝刊、2011年5月23日）

その日、祖母と一緒に逃げた女子学生。坂道で祖母が動けなくなり、背負おうとする孫娘を叱りつけ孫を追いやりました。3日後、祖母は、体育館に魚のように転がされ、「人間としての尊厳などどこにもない姿」で発見されました。

「（私は）自分を一生呪って生きていくしかないのでしょうか。どうすれば償えますか」「助けて下さい」

高齢者を置いて助かった若い世代もこんな苦しみを背負うのです。どんな慰めのことばがあり得るのか――。

約1年近くあと、天皇皇后両陛下（現上皇、上皇后陛下）が被災地を訪問。避難所で年老いた人たちを前に皇后様の言われたおことばです。

「生きていてくださって、ありがとうございました」

高齢者であろうと子どもであろうと、**今目の前にある命への全き肯定、その命への祝福と感謝。**これしかないと深く感じ入りました。

だから、思います。この災害の時代に、自分も含めて最大多数の幸せに備えて、**生**

き残る準備をしよう。最低限度、**高齢者もできる範囲で自立度を高め、わが身を守る準備、周りの人の心配や負担を多少とも軽くする努力をしようではないか**――と。

◆準備と覚悟

「自分を置いて逃げろ」と90代の女性が家族を説得しているうちに、全員流されて命を失った、という事例もあるそうです。いざというときに、高齢者なりにできる自立した行動をとる、その覚悟、家族や地域での相談ごと――さまざま準備が必要です。**老いたりと言えども、自分の命への畏敬と感謝の念を持って、**どんな準備が必要か。

「阪神」から四半世紀、「東日本」から8年。その前後に中越、熊本、北海道、福岡、と絶え間なく災害が続き、当初から指摘されたことは、**避難所などで女性や高齢者への配慮が乏しい**こと、その**理由の一つは、災害時の意思決定の場へ、女性の参画の少ないこと**でした。

そこで私たち**ＮＰＯ法人高齢社会をよくする女性の会**では、２０１８年、1年の締めくくりに開く12月の**「女たちの討ち入りシンポ」**のテーマを**「災害と女性・高齢者・子ども」**に決定。年末は12月15日、全国各地の被災地から会員、専門家を集めて東京で開催しました。「のど元過ぎれば熱さ忘れる」と言われるし、地味なテーマだし、と１００人集まれば上々と予想したのですが、１６０人、満員の盛況で、資料が足りなくなり、嬉しい悲鳴でした。

トップバッターは、東日本大震災後に立ち上がった「男女共同参画と災害・復興ネットワーク」代表の堂本暁子さんと活動を医療面から支えた天野恵子さん（医師）。堂本さんは前千葉県知事、元参議院議員。そして私たち高齢社会をよくする女性の会は、当初からこのネットワークのメンバーでもあります。

この7年余りの間に、災害対応への女性参画はどこまで進み、何が改善されたか。ごく最近の災害の中で、被災地の女性、とくに高齢者は何を感じどう行動したか――次にリポートさせていただきます。

災害を超えて老いを生きる②

２０１８年末に開催された「災害を超えて生きる――とどけ高齢者・女性・子ども……の声」の詳報をご報告いたします。主催は、私が代表をつとめるＮＰＯ法人高齢社会をよくする女性の会。東日本大震災をきっかけに「男女共同参画と災害・復興ネットワーク」（以下ネットワーク）がスタート。代表の堂本暁子さん、医療活動の核となった天野恵子さんの活動報告から始まりました。

「初期の避難所は間仕切りも全くなかった。男性リーダーに聞くと、間仕切りなどしたら全体が見渡せない。俺の目の黒いうちはつくらせない」」。**授乳する若い母親やお**

むつ替えする高齢者に全く配慮がなかった、と堂本さんは語りました。そして実態を踏まえて、ネットワークは、「意思決定の場への女性の参画」「復興計画の策定には、女性・高齢者・障がい者など被災当事者が主体となる仕組み」などの要望書を総理大臣に提出しました。国際的な会議でも**災害時の女性、高齢者など「災害弱者」と呼ばれる人を主体とすること、**を掲げています。災害の場合、**一番困難な人の問題が、見落とされ消去されがち**になります。

阪神・淡路大震災から24年、東日本大震災から8年、災害時の女性への配慮、女性の参画はどこまで進んだでしょうか。内閣府男女共同参画局長・池永肇恵《としえ》さんは2005年の第二次男女共同参画基本計画に、初めて防災・復興分野における男女共同参画を記載し、2008年防災基本計画修正では、防災政策への方針決定、避難への参加拡大など、**男女共同参画の視点を入れた防災対策**が明記されました。

その後2012年には、災害対策基本法を改正して地方防災会議に女性委員の登用を進め、今や**女性ゼロの都道府県防災会議がゼロ**になったとのことです。

民間の動きはさらに活発です。石川県の女性団体で活躍する会員の常光利恵さんは今、女性防災士の増員に取り組んでいます。女性防災士は２０１２年、石川県全体で40人、２０１６年の県予算には「女性防災士日本一へ」の予算が盛り込まれ、「女性防災士２０００人」を目指しています。国際化多様化を反映して、最近では3人の外国人女性防災士が誕生しました。**女性たちは、支えられる側から支える側にまわり、これまで見落とされていた問題に挑戦しています。**

この集会には、北海道、熊本、福岡、福島、北陸など全国の災害被災地から体験者が集まりました。前熊本県知事・潮谷義子さんは「市役所が被災して機能消失した例もあり、**公助だけでなく自助・共助が必要**」「遺体の安置所がなく災害で火葬場もなくなると改めて知った」「救援活動している人も被災者」「支える人を支える活動を」。潮谷さんと同行した熊本市議会議員（当時）・小池洋恵さんは、「女性こそ防災知識が必要」「女性ボランティアにセクハラなど防犯教育が必須」「地方議員、地域リーダーなどが避難所をどう指揮できるか」。問題は山積みです。

２０１８年北海道胆振東部地震は、局地的に人災が出ただけでなく、全道にブラックアウト、停電が２日間も続きました。札幌、旭川など他の大都市同様、高層マンションに住む人が多数います。「エレベーターが止まって、給水車が来ても２リットルを満杯にすると高齢者には持って階段を上れない！」階段と重さに、高齢者はみんな苦しんでいました。札幌の会員たちの具体的な提案は、**①電気を使わないストーブを、②高齢者に水は必須。切れる１週間前に補充、③飲用水予備を常備、風呂水は捨てない、④食料も一定の買い置きを、⑤懐中電灯など非常用品の用意、携帯電話のバッテリーはいつも満杯に、⑥人とのつながりを密に。**経験から出た具体案です。それぞれ**「いざというときの何カ条」**とか**「７つのポイント」**など話し合ってつくってみてはいかがでしょうか。

◆老いて自立は幸いなり

マンションの階段の上り下り一つ見ても、高齢者の不自由は格別です。でも、**心身が健康である限り高齢者も覚悟が必要**です。私と同年の堂本暁子さんはじめ、集会に参加した高齢者は異口同音に言われました。「高齢者は自立して何よりもわが身を守れ」「早急に避難せよ!」**老いて一番他者の幸いに資するのは高齢者の自立**かもしれません。大切なものを精選してさっさと逃げて、家族で一番先に助かった93歳の女性。かと思えば「私を置いて逃げろ」と7人の家族を説得、「はい、そうですか」と逃げられるものでもありません。一家全員水に流されたという例も報告されました。

よいものは悲劇から生まれる、ということばをどこかで読んだことがあります。よいことが生まれなくてもいいから、悲劇はないほうがいい、と臆病な私は思います。しかし、その悲劇が人間の力で避け得ないものだとしたら、**その悲劇から何か今までになかったよきものを生まなくては、人間の資格がないとも思います。**今、**自然の大災害という悲劇から女たちをはじめ多くの人が知恵を出し、遠く離れたアカの他人が助け合う風潮が日本の中に力強く生まれている**ことを実感しています。

ペットロスではないけれど

◆愛猫ダンの死

２０１９年６月、わが家の猫ダンが14歳で死にました。その後間もなく、全くの偶然ですが、10歳の愛犬が急死したという70代の女性からご相談を受けました（読売新聞「人生案内」７月17日付）。その後「眠りも浅く、悲しく切ない思いを抜け出せない。」どうすればこの落ち込んだ日々から元に戻れるのか——。典型的なペットロスと言われる状況です。この方は夫君が健在、やさしく慰めてくれる娘さん一家も近居、という恵まれた環境です。でももう半年になるのに、元へ戻れない——。

お答えになるかどうかわかりませんが、私も猫への哀惜の情は人後に落ちぬつもりだけれど「私にペットロスはありません」と言いきりました。ダンを思えば、ああもこうもしてやればよかったという自責の念と共に、今も涙が湧いてきます。そしてその**悲しみの底には、ささやかながら一種の達成感、充足感がある**、と書きました。その70代女性も私も、**人間の保護なしには1日として安全に生きられない犬猫の命を、守り切ったのですから。**

「あなたも私もか弱く愛らしい動物の守護神としての役割をなし遂げた。胸を張りましょう」と書きました。お元気になってくださったかどうか。じかにお会いできたらきっと肩を抱き合ったと思います。

そして最後に、「**またもしペットを飼われることがあったら、年齢を考えて、夫君やお子様と相談して、主亡きあと、引き取り手があるようにお手配を**お願いします」とつけ加えました。人間がペットと暮らせるのは、基本的に人の寿命が犬猫の4〜5倍も長いからです。ありがたいことだと思っています。

ペットロスは多くの場合、新しいペットによって癒されます。私もダンちゃんの思い出を涙声で語りながら、娘が新しい猫を調達することを黙認し、今では文字どおり猫なで声で新入りに呼びかけています。それができるのは、一世代若い娘が同居していて、飼主として責任を全うできる、と予測がつくからです。もし私が80代でひとりぐらしだったら、よほど確かな引き受け手が見つからない限り、自分の余生から猫との同居という楽しみをあきらめたと思います。

◆人間の義務

犬猫がどんなに今の高齢者の心の慰めとなっていることか。高齢世帯の約17%はひとりぐらし。山村部でも都会でも。近ごろマンションで猫、小型犬の飼育を認めるところが増えて、**高齢者とペットとの関係はますます深くなってきました。しかし、高齢者が施設に入ったり、遠方の子どもに引き取られたりすると、行き場を失います。**

猫は野良化することもありますが、犬の多くは保健所に送られて殺処分を待つ身になるようです。また、これは少し前の新聞で読んだ記憶がありますが、殺処分の方法がかなり苦痛を伴うものだとか。予算の都合で仕方がないのでしょうが、せめて安楽死させられないものか。高齢者にかわいがられた犬猫たちは、最後の力をふり絞って、おじいちゃーん、バーバーと鳴き声をあげていることでしょう。彼らが頼れる人はそれしかいないのですから。

もちろん犬猫の命より、人間の安全と快適が大切なことはわかっています。そしてペットとしての犬猫より、もっと過酷な条件で人間に命を提供している動物がゴマンとあることもわかっています。牛さん豚さんごめんなさい。ごめんなさい。実験動物の皆さん、ごめんなさい。彼らの限られた命が可能な限り快適であるように、法制度が守ってくれることを心から願います。そして**多くの命を食べて生きている私たちは、その分だけすべての命がこの地球上でバランスよく生きるよう工夫する義務があ**

る。環境問題というのはその一環ではないか——などと考えました。

高齢者の最後の人生を支えた犬猫の保護にお金がかかるとしたら、この消費税増税のときにあちこちからけとばされそうですが、**少額のペット税をつくってもいい**と思います。戦前は犬には税金がかかりました。あるいは飼育にお金がかかるのでペットをあきらめている元気な高齢者に料金を支払って飼ってもらうとか。いろいろな工夫をして、**人生の最期を慰めてもらった動物たちが、あまりむごい目に遭わぬよう**にしてほしいです。

20年ほど前、国際会議の日程の合間にオーストラリアはシドニーの動物園を見物しました。ご当地でも珍しいのでしょうか、コアラの大きな檻の前には人が集まって賑やかでした。その檻の奥まったところに、もう一つ少し小さな檻があるので入ってみました。「コアラの引退者ホーム（リタイアメントホーム）」とあったように記憶しています。同行の仲間が「あら、コアラの老人ホームよ」って話していましたから。木々が厚く茂っていましたが、老いたコアラの姿を見ることができました。立て札があって文字が書いてありました。書き写しも撮影もしなかったので少し違っているかもしれませんが、大意つぎのように書かれていたと記憶しています。

「ここにいるコアラは、若いころ向こうの檻で十分に見物客のお相手をしました。今はすっかり年老いて、静かに過ごす時期にきています。どうか、大きな声を出したりしないで、静かに憩わせてやってください」

「このおばあちゃん」と呼ばれて

◆趣味嗜好も体力勝負

久しぶりに外国からの引越し公演のオペラを観に行きました。3年ぶりでしょうか。その間私にとっては大仕事の建て替え引越しがあり、気分的にも金銭的にも余裕がなかったことが最大の理由です。でも、そればかりではありません。一緒に行く仲間がいなくなってしまったのです。

そもそも不精な私が、10年くらい前までは頻繁にオペラ見物に行かれたのは、この世界にくわしくて、お金持ちで、テキパキ仕事をこなす働き者で、というありがたい方がいて、いつも周囲に声をかけてくださったからです。こちらはチケット代金を用意するだけでいいので大変ラクでした。

ごひいきの歌手の国際的追っかけまでした方ですが、私より数年年長ですから、10年ほど前から「海外は無理」ということに。もっぱら引越し公演に通った時期があって、やがて近年は「一幕の時間が長いのでお手洗いが心配」「一幕の間きちんと座っているのがつらい」とお出かけが間遠になり、2年ほど前に亡くなられました。**一人の人間が持つ趣味嗜好の楽しみが、老いという体力気力の衰退とともに失われるプロセス**を知ることができました。趣味鑑賞もかなりの部分体力勝負です。

私は昔、レーザーディスクと呼ばれたころのディスクをかなり買い集めてあります。年をとって気軽に外出できなくなったとき、自宅のソファーかベッドの上から鑑賞するという将来を見通し、老いの日々に備えたつもりでした。ところがこの世界は日進月歩、レーザーディスクなどとっくに製造されなくなり、わが家のテレビに再生装置は内蔵してあるものの、「さて、動くかどうか」というのが周囲の一致した意見です。

それやこれやで、今回の引越し公演に私が意欲を示し、なおかつチケットが高いの、時間が長いのとためらっていたら**「行けるうちが花なのよ、行ってらっしゃーい」**と若い連中に追い出されることになりました。場所は上野駅前なので、行きは節約して電車で。夕暮れになる帰りはタクシーに乗ると決めました。

行ってきて本当によかったです。仲間がいなくて**たった一人の観劇でしたが、楽しいものは楽しい。**

◆高齢者へのいたわりのことば

年寄りの観劇が無事終わって、この小旅行が完結するためには、まだ一仕事あります。指揮者の動きが止まり、残響も消え、万雷の拍手が鳴り始めると同時に席を立つ。行く先はタクシー乗り場です。行列の先頭近くに立たないと、立って待つ時間のうちに、最後のエネルギーが失われてしまいます。

出口近くの道路は工事中で、確たる駐車場はありませんでしたが、いつものタクシー乗り場のあたりに私は立ち、道路工事の作業員さんによろしく、と声をかけました。そのうちに私よりあとから来た中年のお二人さまが、私の前へ出て反対側から車を止めようとしました。反対側のドアは開閉しませんから、タクシーは無視して私の前でドアを開けてくれました。お二人さまは何やら怒って声をあげている様子です。

そのとき、私が最初に声をかけた作業員が叫んでくれたのです。

「このおばあちゃんが、さっきから来て待っていたんですよ」

「このおばあちゃんが一番先ですよ」

おかげさまで、乗車をためらっていた私は、その声に押されて車に乗り込むことができました。そのころはタクシー待ちの場所に、カーテンコールをあきらめて早く帰りたい人々が並んでいました。

「このおばあちゃんて、この人、有名人だよ」

私の顔をご存じで、そう言ってくださる方もいました。作業員の方がそれからも**「このおばあちゃんが一番先」と連発してくれる**ので私はタクシーに乗り込み、行列の皆さんに「すみません。膝が悪いのでお先に失礼」とご挨拶。何人かの方が「バイ、バーイ」と手を振ってくれました。膝が悪いのはホントで、両膝に整形外科処方のサポーターを付けています。

はっきりと「このおばあちゃん」と呼ばれたのは87歳にして初体験でした。ずいぶんと遅い初体験でしたが、この「おばあちゃん」という呼び方には、かつて当事者年齢の女性の間で小さな論議が重ねられてきました。

「おばあちゃんなんて、孫から呼ばれるだけで十分。他人から呼ばれたくない」
「孫からだってイヤ。私は大ママと呼ばせている」

このバリエーションには、ケイコさんと名まえで呼ばせたり、職業柄か「先生」と呼ばせた人も。私に孫はいませんが、血縁上の孫からだったら、私の母や義母がその孫から呼ばれたように、幼いときはバーバ、長じておばあちゃま（さん）でちっともかまわないと思います。でも、たとえば病院や施設などで「おばあちゃん」と呼ばれたら、「名前（姓）を呼んでください」と言いたくなるでしょう。近ごろこういう「おばあちゃん呼ばわり」は、かなり減ったようです。周囲が「おばあちゃん」だらけで区別がつかないからかもしれません。

ところで**私の初「おばあちゃん」呼ばわりの感想は、思いがけないほど静かな充足感と感謝の思い**でした。

その作業員の中年男性は「この人が」とは言わず、中高年女性への無難な呼称である「この奥さんが」とも言わず、「このおばあちゃん」を連発した。その中に、彼の「順番も大事だけど、とにかく年寄りを乗せてやってよ」という、**高齢者へのいたわりがはっきりと感じ取れた**からです。「おばあちゃん」は**ちっとも不愉快でなく、ありがたいこと**でした。そう私が思えたのは、やっぱり老いも盛りを過ぎて、ヨタヘロ期に入ったからでしょうか。

おわりに

「人生百年学のすすめ」というタイトルで『明日の友』の連載が始まったのは2016年4月のことでした。そのときは、少し時代を先取りして「人生百年学」と言ったつもりでした。

そしてこの連載中の3年の間に、日本をはじめ世界中に「人生100年」の位置づけ、キーワードとしての意味が急激に増してきました。リンダ・グラットン著の『LIFE SHIFT（ライフ・シフト）——100年時代の人生戦略』が世界的ベストセラーとなり、日本政府は「人生100年時代構想会議」を設置し、政策のグランドデザインを論議。人づくり革命、一億総活躍、働き方改革などの政策がすでに打ち出されています。

この寿命の延伸と人口構造の変化は、政策だけでなく、否応なく私たち個人の人生に、生き方に、そして家族や地域のあり方、人間関係に大きな影響をもたらします。制度が変われば意識も変わり、とくに変化の波頭にいる私たちは、自分自身の変革も迫られるでしょう。高齢期になってから、変容を迫られるのはつらいことでもあります。

でも、どんなときも私たちは、過酷な戦中戦後を経て生き長らえ、どうやら天寿を全うできそうなことに感謝したいと思います。同時に、平和がもたらした変化に的確に対応し、自己変革に努力を惜しんではいけないと覚悟しています。それには今、目の前にある現実の変化から逃げずに立ち向かい、何があるのかしっかり見据えること。問題点を話し合い、ことばにすること。今起こっていることは、人類初体験なのですから。

私の高齢者人生、65歳からとすると22年経ちました。老いと言っても一色ではありません。二番底、三番底があり、底の底までいっても、その人らしい人生を求め、懸命に生きる先輩たちに心動かされます。否応なく増える高齢者が住みやすい社会。若い世代が自分を伸ばしやすい社会。あちこち目配りしながら、心身の衰退を嘆きつつ、なおその先に光があることを、夕焼けのあとには晴天があることを願って、この大切な時間を読者の皆さまとともに、一生懸命生きたいと思います。

連載中お世話になりました『明日の友』編集部の小尾章子さん、安藤寿美子さんほか皆さん、本書を単行本に仕上げてくださった書籍部編集長の小幡麻子さんに、心より御礼申し上げます。タイトルも表紙デザインも、婦人之友社の実力の表れです。

老いてサボりがちな私を叱咤激励するわが方の助手、河野澄子さん、佐藤千里さん、どうぞ懲りずにつき合ってくださいね。

そして、この本の根底に存在する心の妹たち。16歳年下の上野千鶴子さんからは、もう20年以上、「樋口さんは自分の〝弱者への変容〟を直視せよ」と警告されていました。そして今回、この上なく魅惑的な本の帯を書いてくださいました。

11歳年下の春日キスヨさん。ご著書『百まで生きる覚悟』(光文社新書)で、ヨロヨロ、ヘロヘロそしてドタリ、という老いの実像を明確に示された、ヨタヘロ期の発見者です。『明日の友』に連載してきた私の自画像は、まさにヨタヘロ期の高齢者。これからも、人生100年に向かって生きるという大変な道を勇気を出して歩んでいきたいと思います。

2019年11月

樋口恵子

樋口恵子　ひぐちけいこ

1932年東京都生まれ。東京大学文学部卒業後、時事通信社、学習研究社、キヤノン株式会社を経て、評論活動に入る。東京家政大学名誉教授。NPO法人「高齢社会をよくする女性の会」理事長。著書に『大介護時代を生きる』(中央法規出版)、『人生100年時代への船出』(ミネルヴァ書房)、『おひとりシニアのよろず人生相談』(主婦の友社)など多数。隔月刊誌『明日の友』の特集記事で、暮らしの工夫をたびたび公開。同誌に連載中の「人生百年学のすすめ」で、自身のヨタヘロぶりを綴り、老いの現実と覚悟を伝え続ける。

装丁・本文デザイン　坂川栄治+鳴田小夜子(坂川事務所)
装画　河本徹朗
撮影　滝沢育絵
校正　DICTION
編集　菅 聖子

老〜い、どん!　あなたにも「ヨタヘロ期」がやってくる

2019年12月20日　第1刷発行
2020年　1月30日　第3刷発行

著者　樋口恵子
編集人　小幡麻子
発行人　入谷伸夫
発行所　株式会社 婦人之友社
〒171-8510　東京都豊島区西池袋2-20-16
電話 03-3971-0101
https://www.fujinnotomo.co.jp

印刷・製本　シナノ書籍印刷株式会社

ISBN978-4-8292-0914-1